高校入試対策

英語リスニング 練習問題

実践問題集　広島県版 2025 年春受験用

JN131880

contents

K 教英出版

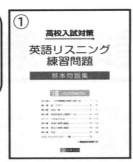

本書の特長

① 基本問題集（別冊）
英語リスニング問題を**7章の出題パターン別**に練習できる問題集です。
広島県公立高校入試の英語リスニング問題の**出題パターンを重点的**に練習できます。

② 解答集（別冊）
①基本問題集の解答・解説・放送文・日本語訳などを収録。すべての問題の**放送文と日本語訳を見開きページで見る**ことができ，単語や表現を**1つずつ照らし合わせながら復習**ができます。

③ 実践問題集広島県版（この冊子）
広島県公立高校入試の**過去問題**（2回分）と，形式が似ている**実践問題**（3回分）を収録。
広島県公立高校入試の**出題パターンの把握**や**入試本番に向けての練習**に最適です。

実践問題集 広島県版
の特長と使い方

2回分の過去問題

広島県公立高校入試で**実際に出題された**問題です。

3回分の実践問題

広島県公立高校入試と**出題パターンが似ている**問題です。

HOW TO 使い方

2ページの**過去の典型的な出題パターンと対策**で出題パターンを把握してから，**過去問題と実践問題**に進んでください。問題を解いた後に**解答例と解説**を見て，答えにつながる聴き取れなかった部分を**聴き直す**と効果的です。別冊の**基本問題集**で出題パターン別に練習して，**出題パターンに合った実力**をつけてからこの冊子に進むと，**過去問題と実践問題**をよりスムーズに解くことができます。

音声の聴き方

教英出版ウェブサイトの「**ご購入者様のページ**」に下記の「**書籍ID番号**」を入力して音声を聴いてください。

ID 170032 （有効期限 2025年9月）　　　IDの入力はこちらから→

過去の典型的な出題パターンと対策

▶ 絵・グラフ… 対話や英文を聞き，絵やグラフを選ぶ  別冊 第1章

放送文

(Aya): I visited Okinawa for three days last week.
(Bob): That's nice. It's snowy here today, but how was the weather in Okinawa?
(Aya): It was rainy on the first day. But on the second day it was cloudy, and on the third day it was sunny at last.
Question: How was the weather when the girl arrived in Okinawa?

問題 対話を聞いて，質問に合う絵を**ア**〜**エ**から1つ選び，記号を書きなさい。

ア 晴れ　イ くもり　ウ 雨　エ 雪

▶ 対話や英文と質問(1つ)… 対話や英文を聞き，質問の答えを選ぶ 別冊 第3章

放送文

A : What do you want to eat for lunch?
B : Well... I'd like to have an omelet and some coffee. How about you, Tomoya?
A : I'm very hungry. So I'd like to have a hamburger and some milk.
B : Then, shall we eat at a cafeteria near the station?
質問します。 What is Tomoya going to have for lunch?

問題 対話を聞いて，質問に合うものを**ア**〜**エ**から1つ選び，記号を書きなさい。

ア. An omelet and some coffee.　**イ**. An omelet and some milk.
ウ. A hamburger and some coffee.　**エ**. A hamburger and some milk.

▶ 作文… 対話や英文を聞き，英文で答える 別冊 第7章

放送文

Jack : Mom, can I have breakfast at 6 tomorrow?
Mother : It's Saturday tomorrow. Do you have classes?
Jack : No, we don't have school, but I have to get up early.
Mother : Why?
Jack : (　　　　　　　　　　　　　)

問題 これから，中学生の Jack と Jack の母親との対話を放送します。その中で，母親が Jack に質問をしています。Jack に代わってあなたの答えを英文で書きなさい。2文以上になってもかまいません。

Point

対策ポイント

　放送される質問に対して自由に答える作文の問題が出題される。音声は2回流れるので，ここで質問内容を確実に聞き取ろう。英文を作るのはその後で十分。難しい単語や文法を使う必要はない。正しく書けるものを使って英文を作ろう。別冊の基本問題集やこの冊子の過去問題，実践問題で練習しよう。

過去問題 A

放送を聞いて答えなさい。

問題A　これから，No.1 ～ No.4 まで，対話を4つ放送します。それぞれの対話を聞き，そのあとに続く質問の答えとして最も適切なものを，ア～エの中から選んで，その記号を書きなさい。

No.1	ア　　イ　　ウ　　エ
No.2	ア　Three apples. イ　Eight apples. ウ　Eleven apples. エ　Fourteen apples.
No.3	ア　After school on Wednesday. イ　Before the English class on Wednesday. ウ　After school on Thursday. エ　Before the English class on Thursday.
No.4	ア　Because he often cooks dinner. イ　Because he watched TV before dinner. ウ　Because he helped his mother with dinner. エ　Because he usually does his homework after dinner.

問題B　これから放送する英文は，英語の授業で，先生がクラスの生徒に対して話し
たときのものです。先生の質問に対して，あなたならどのように答えますか。
あなたの答えを英文で書きなさい。なお，2文以上になっても構いません。

問題A	No.1	
	No.2	
	No.3	
	No.4	
問題B		

　1番の問題に入ります。

　はじめに，1番の問題についての説明を行いますから，よく聞きなさい。

　1番の問題には，問題Ａと問題Ｂの2種類の問いがあります。まず問題Ａについては，英語による対話を放送し，その内容について英語で質問をしますから，質問に対する答えとして最も適切なものを，問題用紙のア〜エの中から選んで，その記号を書きなさい。次に問題Ｂについては，問題Ａが終了したあとに，英文を放送しますから，それに基づいてあなたの答えを英文で書きなさい。

　対話，英文及び質問はすべて2回ずつ放送します。メモをとっても構いません。

　では，問題Ａを始めます。

（チャイム1点）

問題Ａ

　これから，No.1〜No.4まで，対話を4つ放送します。それぞれの対話を聞き，そのあとに続く質問の答えとして最も適切なものを，ア〜エの中から選んで，その記号を書きなさい。

No.1

A: Bob, look at this picture!　My younger sister drew it for me yesterday.

B: Oh!　The cat is very cute.

A: I think so too.　I also like the many stars around the cat.

B: She can draw pictures very well.

Question No.1: Which picture are they talking about?

No.2

A: Dad, you have a big box.　What's in it?

B: There are eleven apples.　I got them from my friend, Mr. Tanaka.

A: Really?　Mom and I have just bought three apples at the store.

B: Now we have so many apples!　Jane, why don't you make an apple pie?

A: That's a good idea.

Question No.2: How many apples does Jane's family have?

No.3

A: Shota, you're going to talk about your dream in the English class on Friday.　It's already Wednesday.　Are you ready?

B: No, Ms. Brown.　Can I ask you some questions about it?

A: Yes, but it's 5 o'clock now.　I'm sorry.　I have to leave school.　Can you come and see me after school tomorrow?

B: Yes.　Thank you, Ms. Brown.

A: You're welcome.

Question No.3: When should Shota visit Ms. Brown?

No.4

A: Masato, did you watch TV last night?　Your favorite singer sang a new song!　It was so exciting.

B: Oh, I didn't watch it.　I usually do my homework before dinner and then enjoy watching TV, but I was busy last night.

A: What happened?

B: Well, when I got home yesterday, my mother looked busy.　So I cooked dinner with her and did my homework after dinner.

A: I see.　Do you often cook dinner?

B: No, I don't.　But I enjoyed it very much.

Question No.4: Why did Masato do his homework after dinner last night?

　もう1回くりかえします。

これで，問題Aを終わります。
　次に問題Bに入ります。これから放送する英文は，英語の授業で，先生がクラスの生徒に対して話したときのものです。先生の質問に対して，あなたならどのように答えますか。あなたの答えを英文で書きなさい。なお，２文以上になっても構いません。

問題B
　I like to watch sports. I often go to stadiums to watch my favorite teams' games. However, some of my friends say that it is better to watch sports on TV. What do you think about this idea? And why do you think so?

もう１回くりかえします。

過去問題 B

放送を聞いて答えなさい。

問題A　これから，No.1 〜 No.4 まで，対話を 4 つ放送します。それぞれの対話を聞き，そのあとに続く質問の答えとして最も適切なものを，ア〜エの中から選んで，その記号を書きなさい。

No.1	ア	イ	ウ	エ

No.2

ア		イ		ウ		エ	
1	理科	1	体育	1	数学	1	国語
2	英語	2	英語	2	英語	2	英語
3	体育	3	数学	3	国語	3	数学
4	国語	4	音楽	4	音楽	4	理科
昼休み		昼休み		昼休み		昼休み	
5	数学	5	国語	5	体育	5	体育
6	音楽	6	理科	6	理科	6	音楽

No.3
　ア　Two days.
　イ　Three days.
　ウ　Four days.
　エ　Five days.

No.4
　ア　To do volunteer work.
　イ　To meet Ryoma.
　ウ　To play baseball.
　エ　To read some books.

問題B　これから放送する英文は，英語の授業で，先生がクラスの生徒に対して話したときのものです。先生の質問に対して，あなたならどのように答えますか。あなたの答えを英文で書きなさい。なお，2文以上になっても構いません。

問題A	No.1	
	No.2	
	No.3	
	No.4	
問 題 B		

まず問題Aについては，英語による対話を放送し，その内容について英語で質問をしますから，質問に対する答えとして最も適切なものを，問題用紙のア〜エの中から選んで，その記号を書きなさい。次に問題Bについては，問題Aが終了したあとに，英文を放送しますから，それに基づいてあなたの答えを英文で書きなさい。

対話，英文及び質問はすべて2回ずつ放送します。メモをとっても構いません。

では，問題Aを始めます。

（チャイム1点）

問題A

これから，No.1〜No.4まで，対話を4つ放送します。それぞれの対話を聞き，そのあとに続く質問の答えとして最も適切なものを，ア〜エの中から選んで，その記号を書きなさい。

No. 1

A: How was your birthday party, Nanako?

B: It was great, Tom.　My mother made a cake for me.　It was very good.

A: That's nice.　What did you get for your birthday?

B: I got some flowers from my sister, and my brother gave me a cup.

A: I think you had a wonderful time.

B: Of course.

Question No.1: What did Nanako get from her sister?

No. 2

A: We've just finished the English class.　I enjoyed it very much.

B: What is the next class, Daiki?　Is it P.E.?

A: No, Sarah.　It's math.　P.E. is in the afternoon.　We'll play soccer today.

B: Sounds exciting.

Question No.2: Which schedule are Daiki and Sarah talking about?

No. 3

A: Hello, Mr. Davis.　Are you interested in playing table tennis?

B: Yes, but I've never played it.　Is it fun, Momoka?

A: Yes.　I'm in the table tennis club.　Would you like to join us?

B: Sure.　Where do you practice?

A: We practice in the school gym.　We always practice from Tuesday to Friday.

B: OK. I'll join you this Friday.

Question No.3: How many days does the table tennis club practice in a week?

No. 4

A: What will you do on Sunday, Emily?

B: I'll go to the library in the morning, and after that I'll go to the park near our school.

A: What will you do in the park?

B: I'll do volunteer work with my friends.　We'll clean the park.　Will you join us, Ryoma?

A: I'd like to join, but I'm going to play baseball with my friends on Sunday.

B: Oh, I see.　Maybe next time.

Question No.4: Why will Emily go to the park on Sunday?

もう1回くりかえします。

これで，問題Aを終わります。

次に問題Bに入ります。これから放送する英文は，英語の授業で，先生がクラスの生徒に対して話したときのものです。先生の質問に対して，あなたならどのように答えますか。あなたの答えを英文で書きなさい。なお，2文以上になっても構いません。

問題B

When I came to this classroom after school yesterday, I saw many students studying here with their friends for the next week's test. However, some people say that it is better to study without friends when they study for a test. What do you think about this idea? And why do you think so?

もう1回くりかえします。

実践問題A

1 リスニングテスト

(1) （会話を聞き，質問に対する答えとして最も適切な絵を選ぶ問題） **2回ずつ放送**

① ア　　　イ　　　ウ　　　エ

② ア　　　イ　　　ウ　　　エ

(2) （会話を聞き，会話の最後の文に対する応答として最も適切なものを選ぶ問題）
1回ずつ放送

① ア　I went to Canada.　　　　イ　They were very kind.
　ウ　You had a good time, too.

② ア　Sounds nice.　　　　　　　イ　No, I can't.
　ウ　I have to go to the hospital.

③ ア　He is in the gym.　　　　　イ　His book is on the desk.
　ウ　He is from Akita.

(3) （会話を聞き，質問に対する答えとして最も適切なものを選ぶ問題） **2回ずつ放送**

① ア　To get the ticket for the concert.　イ　To practice for the concert.
　ウ　To meet Mr. Jones.　　　　　　　エ　To be a brass band member.

② ア　Next Sunday.　　　　　　　　　イ　At the new hall.
　ウ　This Friday.　　　　　　　　　　エ　At school.

③ ア　He will go to the hall right now.　イ　He will practice more.
　ウ　He will meet Kana tomorrow.　　エ　He will ask the music teacher.

(4) （トムの話を聞き，その内容として適切なものを**2つ**選ぶ問題と，トムの最後の問いか
けに対して，トムの話を踏まえ，**1つの英文**であなたの[**質問**]を書く問題）
2回放送

　ア　Tom has seven classes every day.
　イ　Tom is good at Spanish and studies it hard.
　ウ　Tom will learn Japanese because he likes Japanese comics.
　エ　Tom has lunch in his classroom with his friends.

[**質問**] _____ ?

(1)	①	
	②	
(2)	①	
	②	
	③	
(3)	①	
	②	
	③	
(4)		
	[質 問]	？

実践問題 A　│放送文│

問題は(1)から(4)まであります。聞きながらメモをとってもかまいません。また，(2)の会話は
1回しか放送されませんので，注意して聞いてください。（間2秒）

（1）を始めます。問題は2つです。二人の会話とそれについての質問を聞いて，答えとして最も
適切な絵を，それぞれ**ア，イ，ウ，エ**から1つずつ選んで記号を書きなさい。会話と質問は通して
2回ずつ放送されます。では始めます。

① （A男）：Wow, it's very beautiful!　Can I take a picture?
　　（B女）：Sure.
　　（A男）：Thank you.　I'm interested in calligraphy.（間2秒）

　　　Question ：　What is he going to do?（間2秒）繰り返します。
　　　　　　　　（間3秒）

② （A女）：It was raining all day yesterday.　What did you do, Ken?
　　（B男）：I read books at home.　I wanted to play tennis outside, but I couldn't.
　　（A女）：Oh, I see.　I watched TV at home.（間2秒）

　　　Question ：　What did Ken do yesterday?（間2秒）繰り返します。
　　　　　　　　（間5秒）

（2）に移ります。問題は3つです。二人の会話を聞いて，それぞれの会話の最後の文に対する応答
として最も適切なものを，それぞれ**ア，イ，ウ**から1つずつ選んで記号を書きなさい。会話は通し
て1回だけ放送されます。では始めます。

① （A女）：You look happy.
　　（B男）：Yes.　I got a letter from my host family in Canada.
　　（A女）：I see.　Please tell me more about them.
　　　　　　（間7秒）

② （A女）：Hello.
　　（B男）：Hello.　Can I change the plan for next Saturday?
　　（A女）：No problem.　Are you busy on that day?
　　　　　　（間7秒）

③ （A男）：This book has been here since yesterday.
　　（B女）：It's Yuta's.
　　（A男）：Oh, where is he now?
　　　　　　（間7秒）

(3)に移ります。中学生の香菜(Kana)が，ＡＬＴのジョーンズ先生(Mr. Jones)と会話をしています。会話の後で，3つの質問をします。答えとして最も適切なものを，それぞれ**ア，イ，ウ，エ**から**1つずつ**選んで記号を書きなさい。会話と質問は通して2回ずつ放送されます。では始めます。

(*Mr. Jones*) : I saw you in front of the new concert hall yesterday.

    (*Kana*) : I was there to practice for the concert with my brass band members.

(*Mr. Jones*) : How was practice?

    (*Kana*) : Good. But we need to practice more.

(*Mr. Jones*) : When is the concert?

    (*Kana*) : Next Sunday. We'll practice at the concert hall again this Friday.

(*Mr. Jones*) : I want to go to the concert. Do I need a ticket?

    (*Kana*) : Yes. You can get it from our music teacher, Ms. Sato.

(*Mr. Jones*) : I see. I'll ask her about it. I'm looking forward to the concert.

    (*Kana*) : Thank you. I'll do my best.

（間3秒）

Questions : ① Why did Kana go to the new concert hall?（間5秒）

      ② When will the concert be held?（間5秒）

      ③ What will Mr. Jones do to get a ticket?（間5秒）繰り返します。

（間5秒）

(4)に移ります。トム(Tom)はアメリカの中学生です。あなたは英語の授業中に，オンラインでトムの話を聞いています。その内容として適切なものを，**ア，イ，ウ，エ**から**2つ**選んで記号を書きなさい。また，最後の問いかけに対して，トムの話を踏まえ，**1つの英文**であなたの**[質問]**を書きなさい。トムの話は2回放送されます。はじめに15秒間，選択肢に目を通しなさい。（間15秒）では始めます。

Hello, everyone. Today, I'll talk about my school life. I have four classes in the morning and three in the afternoon every day. At my school, the students can learn some languages. I study Spanish. I'm not good at it, but I study it hard because I want to go to Spain someday. Next year, I'm going to study one more language, Japanese, because I like Japanese comics. At lunch time, I eat my favorite food at the school cafeteria with my friends. Pizza and sandwiches are popular. Now, do you have any questions about my school life?

（間20秒）繰り返します。

（間20秒）

これでリスニングテストを終わります。次の問題に移ってください。

実践問題 B

放送を聞いて，次の**問1**〜**問3**に答えなさい。

問1　二人の会話を聞いて，そのあとの質問に答える問題です。それぞれの会話のあとに読まれる
質問の答えとして最も適当なものを，**ア〜エ**の中から**一つずつ**選び，記号で答えなさい。会話は
1〜4まであります。**放送は1回のみです。**

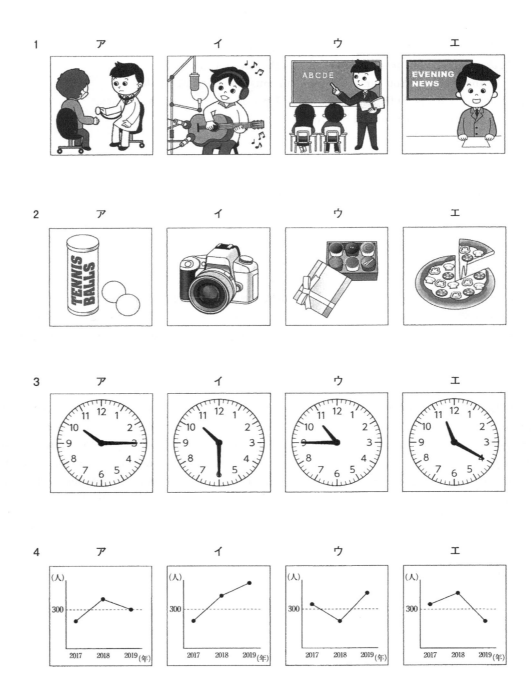

問2　あなたは海外研修旅行で現地の寺院を訪問します。観光バスを降りる前にツアーガイド
　　　から説明を受けています。話されている内容に合うものを，**ア～カ**の中から**三つ選び**，記号で
　　　答えなさい。放送は**2回**くり返します。1回目の放送は**15秒後**に始まります。

　　　　　ア　The temple is the oldest in the world.

　　　　　イ　You can visit the treasure hall if you buy a ticket.

　　　　　ウ　It is OK to take pictures anywhere in the temple.

　　　　　エ　When it is windy, the door to the garden is not open.

　　　　　オ　Don't eat or drink because there is no eating place.

　　　　　カ　You have to come back to the bus before 11:45.

問3　あなたはクラスメートの**トム**さんが留守番電話に残したメッセージを聞いています。その
　　　内容に合うように，次の**〈メモ〉を完成**させなさい。また，メッセージの中にあるトムさんの
　　　質問に対して，**あなたの提案を英語で書き**なさい。
　　　　ただし，①，②はそれぞれ**数字**で，③は**英語1語**で，④は**与えられた書き出しに続く**ように
　　　答えなさい。放送は**2回**くり返します。

　　　　　〈メモ〉

```
☐  
☐  · For history class; read the textbook from page ___①___ to ___②___
☐  · For cooking club; bring _____③_____
☐  
```

　　　　　〈トムさんの質問に対するあなたの提案〉

　　　　　We can _____④_____ .

問1	1		2		3		4	
問2								
問3	① (	)	② (	)	③ (	·	)	
	④ We can							

実践問題B 放送文

ただ今から放送による問題を行います。（**2秒**おく。）問1は1回しか流しません。問2・問3は2回流します。途中でメモをとってもかまいません。（**3秒**おく。）

問1 二人の会話を聞いて，そのあとの質問に答える問題です。それぞれの会話のあとに読まれる質問の答えとして最も適当なものを，**ア～エ**の中から**一つずつ**選び，記号で答えなさい。会話は**1～4**まであります。放送は**1回**のみです。それでは問題に入ります。

1番　　A：Ken, have you ever thought about teaching at school as a job?
　　　　　B：No.　I don't like speaking in front of many people.
　　　　　A：Do you want to work with music?
　　　　　B：No.　I'm interested in helping sick people.

　　　Question：What kind of job is Ken interested in?（**5秒**おく。）

2番　　A：What shall we buy for Father's birthday this year?
　　　　　B：Dad likes playing tennis, taking pictures, and eating chocolate and pizza.
　　　　　A：He's been careful about his health, so we should not buy him food.
　　　　　B：Cameras are very expensive.　We can't buy them.

　　　Question：What are they going to buy for their father?（**5秒**おく。）

3番　　A：Excuse me.　Will you tell me what time it is?
　　　　　B：Well, it's ten thirty.
　　　　　A：When is the next bus?
　　　　　B：Fifteen minutes from now.

　　　Question：What time will the next bus come?（**5秒**おく。）

4番　　A：This graph shows the number of foreign tourists visiting our town.
　　　　　B：Let's see.　In 2017, our town had more than 300.
　　　　　A：That's right.　And in 2018, we had more foreign tourists.
　　　　　B：But in 2019, our town had only about 200.

　　　Question：Which graph are they talking about?（**5秒**おく。）

これで**問1**を終わります。次は**問2**です。

問2　あなたは海外研修旅行で現地の寺院を訪問します。観光バスを降りる前にツアーガイドから説明を受けています。話されている内容に合うものを，**ア〜カ**の中から**三つ選び**，記号で答えなさい。放送は**2回**くり返します。1回目の放送は**15秒後**に始まります。（15秒おく。）それでは問題に入ります。

　　　　We will visit one of the traditional temples in this country.　A lot of people from other countries come here to see its treasure hall and beautiful garden.　Before you enter the temple, please remember five things.

　　　　First, you need to buy a ticket if you want to visit the treasure hall.

　　　　Second, you must not take pictures in the treasure hall.

　　　　Third, you can't go out into the garden if the weather is bad.　When the wind is very strong, the door to the garden is closed.

　　　　Fourth, if you want to eat or drink something, please use the eating place.

　　　　Finally, our bus will leave at noon, so please come back to this bus before 11:45.

　　　　That's all.　Have a good time.

（10秒おく。）くり返します。（放送をくり返す。）（10秒おく。）

これで**問2**を終わります。次は**問3**です。

問3　あなたはクラスメートの**トム**さんが留守番電話に残したメッセージを聞いています。その内容に合うように，次の**〈メ モ〉を完成**させなさい。また，メッセージの中にあるトムさんの質問に対して，**あなたの提案**を英語で書きなさい。
　　　ただし，①，②はそれぞれ**数字**で，③は**英語1語**で，④は**与えられた書き出しに続くように**答えなさい。放送は**2回**くり返します。それでは問題に入ります。

　　　　Hi, this is Tom.　I'm calling to tell you about tomorrow.　For the history class, we have to read the textbook from page 86 to 91.　And don't forget to bring rice for the cooking club.

　　　　You know our friend Eric is going back to New York next month.　I think we should do something for him before he leaves.　What can we do for him?　Let's talk about it during lunch tomorrow.　See you then.

（10秒おく。）くり返します。（放送をくり返す。）（5秒おく。）

これで放送を終わります。

実践問題C

次のA，B，C，Dの問題は，リスニングテストです。

A 放送を聞いて，それぞれの英文の内容を表している図として，最も適当なものをア～エから一つ選び，記号で答えなさい。**英文は1回ずつ放送します。**

1 〈図書館にて〉

2 〈空港にて〉

ア	イ	ウ	エ
運航状況のご案内	運航状況のご案内	運航状況のご案内	運航状況のご案内

便名	KMA123
行先	熊本
備考	15分遅れ

便名	KMA123
行先	熊本
備考	50分遅れ

便名	KMA123
行先	東京
備考	15分遅れ

便名	KMA123
行先	東京
備考	50分遅れ

B 放送を聞いて，それぞれのチャイムのところに入る対話の応答として，最も適当なものをア～エから一つ選び，記号で答えなさい。**英文は1回ずつ放送します。**

1 〈友人同士の対話〉
    ア Every Sunday.
    イ In front of the school.
    ウ At 11:30 a.m.
    エ For two hours.

2 〈ホームパーティーでの対話〉
    ア No, I didn't.
    イ Yes, please.
    ウ Here's your change.
    エ I can't drink coffee.

C　放送を聞いて，それぞれの質問に対する答えとして，最も適当なものをア～エから一つ選び，記号で答えなさい。英文は２回ずつ放送します。

1　ア　Yes, she has.　　イ　No, she hasn't.　　ウ　Yes, she does.　　エ　No, she doesn't.

2　He wants to （　ア　live in Japan longer　　イ　make his favorite Japanese food

　　　　　　　　　　ウ　go back to America　　エ　practice making American food　）.

3　ア　He visited Osaka with his friends.　　イ　He went to Osaka Castle on the last day.

　　ウ　He enjoyed eating *takoyaki*.　　エ　He couldn't go shopping.

D　放送を聞いて，「黒板」の　①　～　③　に適当な英語を１語で書きなさい。また，「質問に対する答え」では　④　に適当な英語を２語で書き，答えとなる文を完成させなさい。英文は２回放送します。

「黒板」

• Kenta　：　Some Internet users should have enough time to 　①　 .

• Yuka　：　We need more 　②　 to support more people in the world.

• Nana　：　More people should 　③　 using plastic bags at shops.

「質問に対する答え」

They will talk about what they should do to 　④　 in the next class.

A	1		2			
B	1		2			
C	1		2		3	

D	①		②		③	
	④	They will talk about what they should do to				in the next class.

実践問題C　[放送文]

ただ今から，放送によるリスニングテストを行います。英文は，A，Bは1回ずつ，C，Dは2回ずつ放送します。

では，Aの問題にはいります。No.1とNo.2には，それぞれア，イ，ウ，エの四つの図があります。放送を聞いて，それぞれの英文の内容を表している図として，最も適当なものをア，イ，ウ，エから一つ選び，記号で答えなさい。英文は1回ずつ放送します。
では，始めます。
No.1　Look at this picture.　In this library, we cannot eat or drink.
No.2　(空港のチャイム)　Now it's raining very hard here at Tokyo Airport, so KMA 123 to Kumamoto will leave 15 minutes late.

Bの問題にはいります。今からNo.1とNo.2の二つの対話を放送します。それぞれの対話の最後に，次のチャイムが鳴ります。(チャイム音) 放送を聞いて，それぞれのチャイムのところに入る対話の応答として，最も適当なものをア，イ，ウ，エから一つ選び，記号で答えなさい。英文は1回ずつ放送します。
では，始めます。(M：男性　F：女性)
No.1　M　：　Let's go to the movies tomorrow.
　　　　F　：　OK.　But I have a piano lesson in the morning.
　　　　M　：　I see.　When will it finish?
　　　　F　：　(チャイム)
No.2　M　：　How about this cake?　I made it.　Do you like it?
　　　　F　：　Yes.　It's very good.
　　　　M　：　I'm glad you like it.　Do you want some more?
　　　　F　：　(チャイム)

Cの問題にはいります。陽子と留学生のジムとの対話を聞いて答える問題です。No.1からNo.3までそれぞれの対話のあとで，その内容について英語で質問します。放送を聞いて，それぞれの質問に対する答えとして，最も適当なものをア，イ，ウ，エから一つ選び，記号で答えなさい。英文は2回ずつ放送します。
では，始めます。
No.1　Jim　：　Can you help me with my homework now, Yoko?
　　　　Yoko　：　Sorry, I can't, Jim.　I have to practice judo.
　　　質問します。　Does Yoko have time to help Jim now?
　　　くり返します。(省略)
No.2　Yoko　：　Jim, you have stayed in Japan for five months, right?　What's your favorite Japanese food?
　　　　Jim　：　Well, I like tempura the best.　I want to make it for my family after going back to America.
　　　　Yoko　：　Sounds great!　Let's practice making tempura this weekend.
　　　質問します。　What does Jim want to do in America for his family?
　　　くり返します。(省略)
No.3　Yoko　：　Did you enjoy your vacation, Jim?
　　　　Jim　：　Yes.　My family came to Japan and we went to Osaka for three days.
　　　　Yoko　：　Wow.　What did you do there?
　　　　Jim　：　On the first day, we went to Osaka Castle.　I think it's the best place to visit in Osaka.　The next day, we had many popular foods in Osaka.　I really loved *takoyaki*.　We ate it on the street and it was fun.　On the last day, we went to some shops near the hotel.　We enjoyed shopping there.
　　　質問します。　Which is true about Jim?
　　　くり返します。(省略)

Dの問題にはいります。今から，スミス先生が3人の生徒の発表後に話したことと，それについての質問を放送します。「黒板」には，3人の発表内容が書いてあります。放送を聞いて，「黒板」の①，②，③に適当な英語を1語で書きなさい。また，「質問に対する答え」では④に適当な英語を2語で書き，答えとなる文を完成させなさい。英文は2回放送します。
では，始めます。
Ms. Smith　：　In this class, we talked about today's world.　Kenta said the Internet is very useful, but some people use the Internet at night and spend too much time on it.　So he said they should sleep longer.　Yuka said there are more people living in the world, and more food is needed to support those people.　Nana said many people still use plastic bags for shopping, but we should change this situation.　So she said they should start using their own bags.　Kenta, Yuka, Nana, and all the other students, thank you very much.　Now, I'll tell you about the next class.　In the world, many animals are losing their places to live, because we are cutting down a lot of trees to build houses or make roads in many places.　So, for protecting animals, we should think about what to do.　Let's talk about it in the next class.
　　　質問します。　What will the students talk about in the next class?
　　　くり返します。(省略)

解答例

問題Ａ．No．1．イ　No．2．エ　No．3．ウ
　　　　No．4．ウ

問題Ｂ．（例文）I don't agree.　It is more
exciting to go to stadiums because I
can enjoy watching sports with many
other fans.

解説

問題Ａ

No. 1　質問「彼らはどの絵について話しているのですか？」…Ａの２回目の発言「猫の周りのたくさんの星も好きだよ」より，イが適切。

No. 2　質問「ジェーンの家族は何個のリンゴを持っていますか？」…Ａ「お父さん，大きな箱を持っているわね。何が入っているの？」→Ｂ「リンゴが11個入っているよ。友達の田中さんからもらったんだ」→Ａ「そうなの？お母さんと私は店でリンゴを３個買ったところよ」→Ｂ「リンゴがたくさんあるね！ジェーン，アップルパイを作ってみないか？」→Ａ「それはいい考えね」より，エが適切。

No. 3　質問「ショウタはいつブラウン先生を訪ねるべきですか？」…Ａ「ショウタ，金曜日の英語の授業であなたは夢について話す予定ね。もう水曜日よ。準備はできた？」→Ｂ「いいえ，ブラウン先生。それについて質問してもいいですか？」→Ａ「いいわよ，でも，もう５時よ。ごめんね。私は学校を出なければならないわ。明日の放課後，私のところに会いに来てくれない？」→Ｂ「はい。ありがとうございます，ブラウン先生」→Ａ「どういたしまして」より，ウ「木曜日の放課後」が適切。

No. 4　質問「なぜマサトは昨夜は夕食後に，宿題をしたのですか？」…Ａ「マサト，昨夜テレビを見た？あなたの好きな歌手が新曲を歌っていたわ！とてもわくわくしたの」→Ｂ「ああ，僕はそれを見なかったんだ。普段は夕食前に宿題をしてからテレビを見て楽しむのが好きなんだけど，昨夜は忙しかったんだよ」→Ａ「どうしたの？」→Ｂ「昨日家に帰ったとき，母が忙しそうだったんだ。それで僕は彼女と一緒に夕食を作り，夕食後に宿題をしたんだ」

→Ａ「なるほどね。あなたはよく夕食を作るの？」
→Ｂ「いいや，作らないよ。でもとても楽しかった」
より，ウ「彼は母が夕食を作るのを手伝ったからです」が適切。

問題Ｂ　【日本語訳】参照。①「賛成か反対のどちらか」，②「なぜそのように考えるか」の２つの内容が入っている英文をつくる。①と②で立場が一致していること。①は，賛成の場合はI agree.やI think so.，反対の場合はI don't agree.やI don't think so. などを使い，②でその理由を書こう。（例文の訳）「私は反対です。私は他の多くのファンと一緒にスポーツを見るのを楽しむことができるので，スタジアムに行くとよりわくわくします」

【日本語訳】

　私はスポーツを見るのが好きです。私はよくスタジアムに行って，お気に入りのチームの試合を観戦します。しかし，私の友人の何人かは，テレビでスポーツを見たほうがいいと言っています。この考え方についてどう思いますか？そしてなぜそう思いますか？

過去問題B

解答例

問題A．No．1．イ　No．2．エ　No．3．ウ
　　　　　No．4．ア

問題B．（例文）I don't agree. I can study better with my friends because I can ask them questions when I have something I don't understand.

解　説

問題A

No．1　質問「ナナコは姉(妹)から何を受け取りましたか？」…Bの2回目の発言「私は姉(妹)から花をもらったわ」より，イが適切。

No．2　質問「ダイキとサラはどのスケジュールについて話をしていますか？」…A「英語の授業が終わったね。それをとても楽しんだよ」→B「次の授業は何，ダイキ？体育だっけ？」→A「いいや，サラ。数学だよ。体育は午後だよ」より，エが適切。

No．3　質問「卓球部は1週間のうち何日間練習しますか？」…Aの3回目の発言「私たちは火曜日から金曜日まで練習します」より，ウ「4日間」が適切。

No．4　質問「なぜエミリーは日曜日に公園に行くつもりなのですか？」…Bの2回目の発言「私は友達とボランティア活動をするつもりよ。公園を掃除するわ」より，ア「ボランティア活動をするために」が適切。

問題B　【日本語訳】参照。①「賛成か反対のどちらか」，②「なぜそのように考えるか」の2つの内容が入っている英文をつくる。①と②で立場が一致していること。①は，賛成の場合はI agree.やI think so.,反対の場合はI don't agreeやI don't think so.などを使い，②でその理由を書こう。（例文の訳）「私は反対です。私は理解できないことがあるとき，彼らに質問することができるので，友達と一緒の方がよく勉強できます」

【日本語訳】
　昨日の放課後この教室に来たとき，来週のテストのために友達と一緒にここで勉強している多くの生徒を見ました。しかし，テスト勉強をするときは，友達がいないところで勉強する方がよいと言う人もいます。この考えについてどう思いますか？そして，なぜそう考えますか？

(24)

解答例

(1)①ウ　②イ　　(2)①イ　②ウ　③ア

(3)①イ　②ア　③エ

(4)ア，ウ　質問…How do you go to school／Do you wear a school uniform　などから１つ

解説

(1)①　質問「彼は何をするつもりですか？」…Ａ男「おお，とても美しいです。写真を撮ってもいいですか？」→Ｂ女「いいですよ」→Ａ男「ありがとうございます。私は書道に興味があるんです」より，ウが適切。

②　質問「ケンは昨日，何をしましたか？」…Ａ女「昨日は１日中雨が降っていたね。ケン，あなたは何をしていたの？」→Ｂ男「家で本を読んでいたよ。外でテニスをしたかったけれど出来なかったから」より，イが適切。

(2)①　Ａ女「何だか嬉しそうだね」→Ｂ男「うん。カナダのホストファミリーからの手紙を受け取ったんだ」→Ａ女「そうなのね。彼らについてもっと教えて」より，イ「彼らはとても親切だったよ」が適切。

②　Ａ女「こんにちは」→Ｂ男「こんにちは。次の土曜日の計画を変更することができますか？」→Ａ女「大丈夫です。その日はお忙しいですか？」より，変更する理由であるウ「病院に行かなければならないのです」が適切。　　③　Ａ男「この本は昨日からここにあるね」→Ｂ女「それはユウタのだよ」→Ａ男「彼は今どこにいるのかな？」より，ア「体育館にいるよ」が適切。

(3)【放送文の要約】参照。

①　質問「なぜ香菜は新しいコンサートホールに行きましたか？」…イ「コンサートに向けて練習するため」が適切。　　②　質問「コンサートはいつ行われますか？」…ア「次の日曜日」が適切。　　③　質問「ジョーンズ先生はチケットをもらうために何をしますか？」…エ「音楽の先生に頼みます」が適切。

【放送文の要約】

ジョーンズ先生：昨日，新しいコンサートホールの前で君を見かけたよ。

香菜　　　　　：①ィコンサートに向けて練習するために吹奏楽部の部員たちとそこにいました。

ジョーンズ先生：練習はどうだった？

香菜　　　　　：上々でした。でも私たちはもっと練習する必要があります。

ジョーンズ先生：②ァコンサートはいつなの？

香菜　　　　　：②ァ次の日曜日です。今度の金曜日にもう１度コンサートホールで練習します。

ジョーンズ先生：③ェ私もコンサートに行きたいな。チケットは必要かな？

香菜　　　　　：はい。③ェ音楽のサトウ先生からもらえますよ。

ジョーンズ先生：③ェわかった。サトウ先生に頼んでみよう。コンサートを楽しみにしているよ。

香菜　　　　　：ありがとうございます。ベストを尽くします。

(4)【放送文の要約】参照。ア〇「トムは毎日７つの授業がある」　イ×「トムはスペイン語が得意で，一生懸命勉強している」　ウ〇「トムは日本のマンガが好きなので日本語を学ぶつもりである」　エ「トムは友達と×教室で昼食を食べる」　・be good at ～「～が得意だ」　・someday「いつか」

トムからの質問「僕の学校生活について何か質問がありますか？」に，自分で質問を考えて１文で答えること。（例文１）「あなたはどのように学校へ行きますか？」（例文２）「あなたは制服を着ますか？」

【放送文の要約】

みなさん，こんにちは。僕は今日，僕の学校生活についてお話します。ァ授業は毎日，午前中に４つ，午後に３つあります。僕の学校では，生徒たちはいくつかの言語を学ぶことができます。僕はスペイン語を勉強しています。あまり得意ではありませんが，いつかスペインに行きたいので一生懸命勉強しています。ゥ僕は日本のマンガが好きなので来年はもう１つの言語，日本語を勉強するつもりです。昼食時間には友達と一緒に学校の食堂で自分の好きなものを食べます。ピザとサンドイッチが人気です。さて，僕の学校生活について何か質問がありますか？

実践問題B

問1．1．ア　2．ア　3．ウ　4．エ

問2．イ，エ，カ

問3．①86　②91
　　　③rice　④(例文1)have a party for him
　　　(例文2)eat something delicious with him

問1　1　質問「ケンはどんな仕事に興味があります
か？」…A「ケン，学校で仕事として教えることを
考えたことはある？」→B「いや。多くの人の前で
話すのは好きではないんだ」→A「音楽に関わる仕
事がしたいの？」→B「いや。病気の人を助けるこ
とに興味があるよ」より，アが適当。

2　質問「彼らは父親のために何を買うつもりです
か？」…A「今年はお父さんの誕生日に何を買おう
か？」→B「お父さんはテニスをしたり，写真を撮
ったり，チョコレートやピザを食べたりするのが好
きだよね」→A「彼は健康に気をつけているから，
食べ物を買うべきではないね」→B「カメラはとて
も高いから買えないね」より，アが適当。

3　質問「次のバスは何時に来ますか？」…A「す
みません。何時か教えてくれませんか？」→B「え
えと，10時半です」→A「次のバスはいつ来ます
か？」→B「今から15分後です」より，ウが適当。

4　質問「彼らはどのグラフについて話しています
か？」…A「このグラフは私たちの街を訪れる外国
人観光客の数を示しています」→B「見てみましょ
う。2017年には，私たちの街に300人以上来まし
た」→A「そうです。そして2018年には，外国人観
光客が増えました」→B「しかし，2019年には私た
ちの街に約200人しか来ませんでした」より，エが
適当。

問2　【放送文の要約】参照。

【放送文の要約】

私たちはこの国の伝統的な寺院のひとつを訪問しま
す。他の国から多くの人々がその宝庫と美しい庭園を
見にここに来ます。寺院に入る前に，5つのことを覚
えておいてください。

最初に，ィ宝庫に行きたい場合はチケットを購入する

必要があります。

2つ目に，宝庫で写真を撮ってはいけません。

3つ目に，天気が悪いときは庭に出られません。ェ強
風時は庭につづく扉は閉鎖されます。

4つ目に，飲食をしたい場合は，飲食店をご利用く
ださい。

最後に，ヵバスは正午に出発しますので，11時45分
までにこのバスに戻ってください。

以上です。楽しい時間をお過ごしください。

問3　【放送文の要約】参照。
トムさんの質問に対するあなたの提案は，無理に難
しい表現は使わなくてもいいので，文法・単語のミ
スがないことに注意しながら文を作ろう。(例文1)
「彼のためにパーティーを開くことができるね」
(例文2)「彼と何かおいしいものを食べることがで
きるね」

【放送文の要約】

やあ，トムだよ。明日のことについて伝えるために
電話したよ。歴史の授業では，教科書の①86ページか
ら②91ページまでを読まなければならないよ。そして，
料理クラブに③お米を持参することを忘れないでね。

僕らの友人のエリックが来月ニューヨークに戻るこ
とを知っているよね。彼が去る前に彼のために何かを
すべきだと思うんだ。彼のために何ができるだろう？
明日，昼食時に話そう。またね。

解答例

A. 1. エ　2. ア　　B. 1. ウ　2. イ
C. 1. エ　2. イ　3. ウ
D. ①sleep　②food　③stop　④protect animals

解説

A 1 「この絵を見なさい。この図書館では<u>飲食はできません</u>」…エが適当。　　2 「現在，ここ東京空港はとても激しい雨が降っています。そのため，<u>熊本行き KMA123 便は 15 分遅れて出発します</u>」…アが適当。

B 1 最後に男性が「それは何時に終わるの？」と尋ねたから，ウ「午前 11 時 30 分よ」が適当。　　2 最後に男性が「もう少しいかがですか？」と尋ねたから，イ「はい，お願いします」が適当。

C 1 質問「陽子は今，ジムを手伝う時間がありますか？」…ジム「陽子，僕の宿題を手伝ってくれない？」→陽子「<u>ごめんね，できないわ</u>。柔道の練習をしなければならないの」の流れより，エ「いいえ，ありません」が適当。　　2 質問「ジムはアメリカで家族のために何をしたいですか？」…陽子「ジム，あなたは 5 か月間，日本に滞在しているわね？気に入っている和食は何？」→ジム「そうだな，<u>天ぷらが 1 番好きだよ。アメリカに帰ったら，家族のために作ってあげたいんだ</u>」→陽子「すごいじゃない！今度の週末に天ぷらを作る練習をしましょう」の流れより，イ「彼は大好きな和食を作りたい」が適当。

3 質問「ジムについて，正しいのはどれですか？」…陽子「ジム，休暇を楽しんだ？」→ジム「うん。家族が日本に来たので，3 日間，大阪に行ったんだ」→陽子「へえ。そこで何をしたの？」→ジム「初日は大阪城に行ったんだ。大阪ではぜひそこを訪れるべきだと思うよ。翌日は，大阪で人気のある食べ物をたくさん食べたんだ。<u>タコ焼きがすごく気に入ったよ。路上で食べたのもおもしろかったな</u>。最後の

日は，ホテルの近くにある店に行ったんだ。そこで買い物を楽しんだよ」の流れより，ウ「彼はタコ焼きを食べるのを楽しんだ」が適当。ア「彼は友達と大阪を訪れた」，イ「彼は最後の日に大阪城に行った」，エ「彼は買い物に行けなかった」は不適当。

D 【放送文の要約】参照。①ケンタ「<u>十分な睡眠時間</u>をとるべきインターネットユーザーもいる」
・enough time to ～「～するための十分な時間」
②ユカ「世界で増え続ける人々を支える<u>食料</u>がますます必要になる」
③ナナ「より多くの人が店でビニール袋を使うこと<u>をやめるべきである</u>」　・stop ～ing「～することをやめる」
④質問「生徒たちは，次の授業で何を話し合いますか？」…最後の 2 文から答える。答え「彼らは次の授業で，<u>動物を保護する</u>ためには何をすべきか，話し合います」　・what to ～「何を～すべきか」

【放送文の要約】

　この授業で私たちは，現在の世界について話し合いました。ケンタは，インターネットはとても便利なものだが，夜，インターネットを使ってあまりにも多くの時間を費やしてしまう人もいることを言いました。それで彼は，そういう人はもっと長く①<u>眠る</u>べきだと言いました。ユカは，ますます多くの人々が世界で暮らしていて，この人々を養うための②<u>食料</u>がますます必要になっていることを言いました。ナナは，まだ多くの人々が買い物でビニール袋を使っているが，この状況を変えるべきであり，自分のバッグを使い始めるべきだと言いました。ケンタ，ユカ，ナナをはじめ，生徒のみなさん全員に感謝します。さて，次の授業について伝えます。世界では多くの動物が棲みかを失っています。なぜなら私たちが家を建てたり，至る所に道路をつくったりするために，大量の木々を切り倒しているからです。それで④<u>動物の保護</u>のために，私たちは何をするべきか，考えるべきです。次の授業では，それについて話し合いましょう。

高校入試対策

英語リスニング 練習問題

解 答 集

:≡ contents

※問題は別冊です

入試本番に向けて

入試本番までにしておくこと

　入試本番までに志望校の過去問を使って出題パターンを把握しておこう。英語リスニング問題は学校ごとに出題傾向があります。受験する学校の出題パターンに慣れておくことが重要です。

リスニング開始直前のチェックポイント

　音声が流れるまでに問題文全体にざっと目を通そう。それぞれの問題で話題となる場面や登場人物をチェックしておこう。

✅ イラストを check！

　英語リスニング問題ではイラストやグラフが使われることが多くあります。イラストなら**共通点と相違点を見つけて**，放送される事がらを予想しておこう。グラフなら**たて軸とよこ軸が何を表しているか**を見ておこう。

✅ 選択肢を check！

　英文を選ぶ問題では，選択肢の登場人物，場所，日時などを事前に見つけ出して〇やアンダーラインなどの"しるし"をつけておこう。また，選択肢の共通点と相違点を見つけて質問を予想しておこう。

✅ 数字表現を check！

　英語リスニング問題で必ず出題されるのが数字表現です。問題に数を表したイラストや時間を表す単語などがあるときは，数字を意識して解く問題だと予想しておこう。あらかじめ，問題文の英単語を数字に置きかえてメモしておく（fifteen → 15）とよい。

リスニング本番中の心構え

✅ メモにとらわれない！

　英語リスニング問題ではほとんどの場合，「放送中にメモを取ってもかまいません。」という案内があります。特に，長文を聴き取らなくてはならないときはメモは不可欠です。ただし，メモを取るときに注意すべきことがあります。それは，**メモを取ることに集中しすぎて音声を聴き逃さない**ことです。〇やアンダーラインなど自分がわかる"しるし"をうまく活用して，「聴く」ことから気をそらさないようにしよう。

✅ 2回目は聴き方を変える！

　放送文が1回しか読まれない入試問題もありますが，多くの場合は質問も含めて2回繰り返して読まれます。2回繰り返して読まれるときは，1回目と2回目で聴き方を変えます。1回目は状況や場面を意識し，（質問が先に放送される場合は，）2回目は質問に合う答えを出すことを意識しよう。1回目で答えがわかったときは，2回目は聴き違いがないか消去法を使って確実に聴き取ろう。

この解答集の特長と使い方

問題を解き終えたら，基本問題集（別冊）P1 〜 P2 の手順で答え合わせと復習をしよう。
解答集の左側のページにある QR コードを読み取ると，そのページの**さらに詳しい解説**を見ることができます。

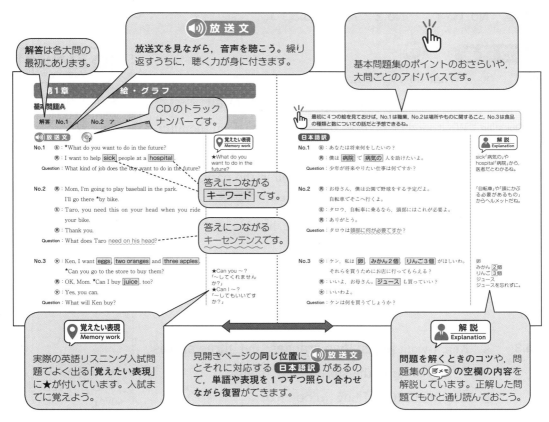

🔊 放送文

放送文を見ながら，音声を聴こう。繰り返すうちに，聴く力が身に付きます。

解答は各大問の最初にあります。

CDのトラックナンバーです。

基本問題集のポイントのおさらいや，大問ごとのアドバイスです。

📍 覚えたい表現 Memory work

実際の英語リスニング入試問題でよく出る「**覚えたい表現**」に★が付いています。入試までに覚えよう。

見開きページの同じ位置に 🔊 放送文 とそれに対応する 日本語訳 があるので，単語や表現を1つずつ照らし合わせながら復習ができます。

👤 解説 Explanation

問題を解くときのコツや，問題集の 🖊メモ の空欄の内容を解説しています。正解した問題でもひと通り読んでおこう。

📍 覚えたい表現 Memory work まとめ （P37 〜 38）

「**覚えたい表現**」をおさらいしておこう。
このページの QR コードを読み取ると，グループ分けした「**覚えたい表現**」を見ることができます。

🔊 聞き違いをしやすい表現 Easy to mistake （P39）

「**聞き違いをしやすい表現**」を知っておこう。
このページの音声はＣＤや教英出版ウェブサイトで聴くことができます。

もっと **リスニング力** をつけるには

🔊 **音声に合わせてシャドーイング（発音）してみよう！**
正しい発音ができるようになると聴く力もぐんと上がります。まずは自分のペースで放送文を声に出して読んでみよう。次に音声に合わせて発音していこう。最初は聴こえたまま声に出し，慣れてきたら正しい発音を意識しよう。繰り返すうちに，おのずと正しい発音を聴き取る耳が鍛えられます。

🔊 **音声を聴きながらディクテーション（書き取り）してみよう！**
聴こえた英文を書き取る練習をしよう。何度も聴いて文が完成するまでトライしよう。聴き取れなかった単語や文がはっきりするので，弱点の克服につながります。また，英語を書く力も鍛えられます。

第1章　絵・グラフ

基本問題A

解答　No.1　イ　　No.2　ア　　No.3　エ

 放送文

No.1　㊛：★What do you want to do in the future?

　　　　㊚：I want to help sick people at a hospital .

　　　　Question：What kind of job does the boy want to do in the future?

No.2　㊚：Mom, I'm going to play baseball in the park.

　　　　　　I'll go there ★by bike.

　　　　㊛：Taro, you need this on your head when you ride your bike.

　　　　㊚：Thank you.

　　　　Question：What does Taro need on his head?

No.3　㊛：Ken, I want eggs , two oranges and three apples .

　　　　　　★Can you go to the store to buy them?

　　　　㊚：OK, Mom. ★Can I buy juice , too?

　　　　㊛：Yes, you can.

　　　　Question：What will Ken buy?

> **覚えたい表現**
> Memory work
>
> ★What do you want to do in the future?
> 「あなたは将来何をしたいですか？」
>
> ★by bike
> 「自転車で」
>
> ★Can you 〜？
> 「〜してくれませんか？」
> ★Can I 〜？
> 「〜してもいいですか？」

基本問題B

解答　No.1　ア　　No.2　イ　　No.3　ア　　No.4　イ

 放送文

No.1　A man is ★looking at a clock on the wall .

　　　　Question：Which person is the man?

No.2　It was snowing this morning, so I couldn't go to school by bike. I ★had to walk.

　　　　Question：How did the boy go to school this morning?

> **覚えたい表現**
> Memory work
>
> ★look at 〜
> 「〜を見る」
>
> ★have to 〜
> 「〜しなければならない」

最初に４つの絵を見ておけば，No.1は職業，No.2は場所やものに関すること，No.3は食品の種類と数についての話だと予想できるね。

日本語訳

No.1　（女）：あなたは将来何をしたいの？

　　　　（男）：僕は 病院 で 病気の 人を助けたいよ。

　Question：少年が将来やりたい仕事は何ですか？

解説
Explanation

sick「病気の」やhospital「病院」から，医者だとわかるね。

No.2　（男）：お母さん，僕は公園で野球をする予定だよ。

　　　　　自転車でそこへ行くよ。

　　　　（女）：タロウ，自転車に乗るなら，頭部にはこれが必要よ。

　　　　（男）：ありがとう。

　Question：タロウは頭部に何が必要ですか？

「自転車」や「頭にかぶる必要があるもの」からヘルメットだね。

No.3　（女）：ケン，私は 卵 ， みかん２個 ， りんご３個 がほしいわ。

　　　　　それらを買うためにお店に行ってもらえる？

　　　　（男）：いいよ，お母さん。 ジュース も買っていい？

　　　　（女）：いいわよ。

　Question：ケンは何を買うでしょうか？

卵
みかん ２ 個
りんご ３ 個
ジュース
ジュースを忘れずに。

４つの絵を見比べて，メモする内容を予想できたかな？ No.1は男性がしていること，No.2は天気と移動手段，No.3は少年の体調，No.4は時刻だね。

日本語訳

No.1　男性が 壁 の 時計 を見ています。

　Question：その男性はどの人ですか？

clock「掛け時計／置き時計」より，アだね。

No.2　今朝は 雪が降って いたので，私は学校に自転車で行けませんでした。私は歩かなければなりませんでした。

　Question：その少年は今朝，どうやって学校へ行きましたか？

"snowing"，"walk"が聞き取れれば，イとわかるね。

No.3　㊛：★What's the matter?

　　　　㊚：Well, I've had a stomachache since this morning.
　　　　　　 I didn't have it ★last night.

　　　　㊛：That's too bad. Are you all right?

　　Question：When did the boy have a stomachache?

> **覚えたい表現**
> **Memory work**
>
> ★What's the matter?
> 「どうしたの？」
> ★last night「昨夜」

No.4　㊛：Good morning, Kanta. Did you sleep well last night?

　　　　㊚：Yes, Judy. I ★went to bed at eleven last night and ★got
　　　　　　 up at seven this morning .

　　　　㊛：Good. I could only sleep ★for six hours.

　　Question：What time did Kanta get up this morning ?

> ★go to bed
> 「寝る」
> ★get up「起きる」
>
> ★for ～（期間を表す言葉）「～の間」

練習問題A

> 解答　No.1　ア　　No.2　エ　　No.3　ア　　No.4　ウ

No.1　㊛：Ah, I hope it will ★stop raining soon.

　　　　㊚：It was sunny yesterday.

　　　　㊛：Yes. But the TV says we will have snow this
　　　　　　 afternoon.

　　　　㊚：Really? ★How about tomorrow ?

　　　　㊛：It will be cloudy.

　　Question：How will the weather be tomorrow ?

> **覚えたい表現**
> **Memory work**
>
> ★stop ～ ing
> 「～することをやめる」
>
> ★How about ～？
> 「～はどうですか？」

No.2　㊚：★Thank you for giving me a birthday present, Mary.
　　　　　　 I like the bag very much.

　　　　㊛：I'm happy you like it, Kenta.
　　　　　　 Oh, you're wearing a nice T-shirt today.

　　　　㊚：This is a birthday present from my sister.
　　　　　　 And my mother made a birthday cake ★for me.

　　　　㊛：Great. But you wanted a computer, right?

　　　　㊚：Yes, I got one from my father !

　　Question：What did Kenta get from his father ?

> ★Thank you for
> ～ ing.
> 「～してくれてありがとう」
>
> ★for ～（対象を表す言葉）「～のために」

No.3　㊛：どうしたの？

　　　　㊚：うーん，今朝からずっとお腹が痛いんです。

　　　　　　昨夜は痛くなかったのですが。

　　　　㊛：それは大変ね。大丈夫？

　　Question：少年はいつお腹が痛かったですか？

昨夜
お腹が痛くない。
今朝
お腹が痛い。

No.4　㊛：おはよう，カンタ。昨夜はよく眠れた？

　　　　㊚：うん，ジュディ。昨夜は11時に寝て，今朝は７時に起きたよ。

　　　　㊛：いいね。私は６時間しか眠れなかったわ。

　　Question：カンタは 今朝 何時に起きましたか？

質問に
this morning「今朝」
とあるから起きた時
刻の午前７時だね。

No.1は天気，No.2は誕生日プレゼント，No.3は時刻，No.4はクラスのアンケート結果に
ついてメモしよう。No.3は計算が必要だね。

日本語訳

No.1　㊛：ああ，すぐに雨が止んでほしいわ。

　　　　㊚：昨日は晴れていたのに。

　　　　㊛：ええ。でもテレビによると，今日の午後は雪らしいわ。

　　　　㊚：本当に？ 明日 はどう？

　　　　㊛：くもりらしいわ。

　　Question： 明日 の天気はどうですか？

昨日：晴れ
現在：雨
今日午後：雪
明日：くもり
質問はtomorrow
「明日」だからくもり
だね。

No.2　㊚：誕生日プレゼントをありがとう，メアリー。

　　　　　　バッグをとても気に入ったよ。

　　　　㊛：気に入ってくれてよかったわ，ケンタ。

　　　　　　あら，今日は素敵なTシャツを着ているわね。

　　　　㊚：これは姉（妹）からの誕生日プレゼントなんだ。

　　　　　　母も僕のために誕生日ケーキを作ってくれたんだ。

　　　　㊛：すてき。でもあなたはパソコンがほしかったんでしょ？

　　　　㊚：そうだよ，父 からもらったよ！

　　Question：ケンタは 父 から何をもらいましたか？

メアリー：バッグ
姉（妹）：Tシャツ
母：誕生日ケーキ
父：パソコン
質問はfather「父」か
らもらったものだか
ら，パソコンだね。

No.3　㊛：The movie will start at 11:00.

　　　　　★What time shall we meet tomorrow, Daiki?

　　　㊚：How about meeting at the station at 10:30, Nancy?

　　　㊛：Well, I want to go to a bookstore with you before the

　　　　　movie starts. Can we meet earlier?

　　　㊚：All right. Let's meet at the station fifty minutes

　　　　　before the movie starts.

　　　㊛：OK. See you tomorrow!

　Question：What time will Daiki and Nancy meet at the station?

★What time shall
we meet?
「何時に待ち合わせ
ようか？」

No.4　㊛：Tsubasa, look at this!

　　　　　We can see the most popular sports in each class.

　　　㊚：Soccer is ★the most popular in my class, Mary.

　　　㊛：Soccer is popular in my class, too.

　　　　　But volleyball is more popular.

　　　㊚：I see. And many of my classmates want to play softball.

　　　　　I want to try it, too!

　　　㊛：Really? ★No students in my class want to play softball.

　Question：Which is Mary's class?

★the＋最上級＋in
＋○○
「○○の中で最も…」

★no＋人
「（人）が1人もいない」

練習問題B

解答　No.1　ア　　No.2　ウ　　No.3　ア　　No.4　ウ

No.1　㊛：Kota, what a nice room!

　　　㊚：Thank you! Do you know what this is, Judy?

　　　㊛：No. ★I've never seen it before. Is it a table?

　　　㊚：Yes, but this is not just a table.

　　　　　This also ★keeps us warm in winter.

　Question：What are they talking about?

★I've never ～ .
「私は一度も～したこ
とがない」

★keep＋人／もの
＋状態「（人／もの）
を（状態）に保つ」

No.3　㊛：映画は11時に始まるわ。

　　　　　　明日は何時に待ち合わせようか，ダイキ？

　　　㊚：10時半に駅で待ち合わせるのはどう，ナンシー？

　　　㊛：そうねぇ，私は映画が始まる前にあなたと書店に行きたいわ。

　　　　　　もっと早く待ち合わせできる？

　　　㊚：いいよ。映画が始まる50分前に駅で会おう。

　　　㊛：わかったわ。また明日ね！

　　Question：ダイキとナンシーは何時に駅で待ち合わせますか？

No.4　㊛：ツバサ，これを見て！

　　　　　　それぞれのクラスで1番人気のあるスポーツがわかるわ。

　　　㊚：僕のクラスではサッカーが1番人気だね，メアリー。

　　　㊛：サッカーは私のクラスでも人気よ。

　　　　　　でも，バレーボールの方がもっと人気だわ。

　　　㊚：そうだね。それから，僕のクラスメートの多くはソフトボールをやりたいようだよ。僕もやってみたいな！

　　　㊛：本当？私のクラスではソフトボールをやりたい生徒はいないいわ。

　　Question：メアリーのクラスはどれですか？

ツバサのクラス：
サッカーが1位
ソフトボールが人気

メアリーのクラス：
サッカーよりバレーボールが人気
ソフトボールが0人

 グラフの問題の音声を聞くときは，1番多い（少ない）もの，増加，減少などをメモしよう。消去法も有効だよ。

日本語訳

No.1　㊛：コウタ，何て素敵な部屋なの！

　　　㊚：ありがとう！これは何か知ってる，ジュディ？

　　　㊛：いいえ。一度も見たことがないわ。テーブルかしら？

　　　㊚：そうだよ，でもこれはただのテーブルではないんだ。

　　　　　　これは冬に僕らを温めてもくれるんだ。

　　Question：彼らは何について話していますか？

覚えたい表現
Memory work

No.2 男：Kate, this is a picture of our music band.

We played some songs at the *school festival this year.

It was a wonderful time for us!

女：You *look excited, Hiroshi.

Who is the student playing the guitar *next to you?

男：He is Ryosuke. He plays the guitar well, and the other student playing the guitar is Taro.

女：I see. The student playing the drums is Takuya, right?

*I hear he *is good at singing, too.

Question：Which boy is Hiroshi?

★school festival
「学園祭」
★look ～
「～のように見える」
★next to ～
「～のとなりに」

★I hear (that) ～.
「～だそうだ」
★be good at ～ ing
「～することが得意だ」

No.3 It was interesting to know what activity you enjoyed the best in my English class.

I *was glad to know that *over ten students chose *making speeches. Eight students chose reading stories, and *the same number of students chose writing diaries.

Maybe you can guess the most popular activity among you. It was listening to English songs.

I hope you will *keep enjoying English.

Question：Which graph is the speaker explaining?

★be glad to ～
「～してうれしい」
★over ～「～以上」
★make a speech
「スピーチをする」
★the number of ～
「～の数」

★keep ～ ing
「～し続ける」

No.4 Look at the graph.

This is a graph of the number of visitors to the art museum which was built in 2014 in our city.

The number kept *going up until 2016.

But the next year, it *went down 20%.

The numbers in 2017 and 2018 were the same.

Question：Which graph is the speaker explaining?

★go up「増加する」

★go down
「減少する」

No.2　⊛：ケイト，これは僕らの音楽バンドの写真だよ。

　　　　　僕らは今年学園祭で何曲か演奏したんだ。

　　　　　僕らにとってすばらしい時間だったよ！

　　　⊛：興奮しているようね，ヒロシ。

　　　　　あなたのとなりでギターを弾いているのは誰？

　　　⊛：彼はリョウスケだよ。彼はギターが上手なんだ，そしても

　　　　　う1人，ギターを弾いているのがタロウだよ。

　　　⊛：そうなの。ドラムをたたいているのはタクヤね？

　　　　　彼は歌も上手だそうね。

　　Question：どの少年がヒロシですか？

解説
Explanation

ギター：
リョウスケとタロウ
ドラム：タクヤ
ヒロシはリョウスケ
のとなりにいる**ウ**だ
ね。

No.3　私の英語の授業の中で，みなさんが何の活動を一番楽しんだか

　　がわかって興味深かったです。

　　私は，10人以上の生徒がスピーチをすることを選んでくれたと

　　知って，うれしく思いました。8人の生徒が物語を読むことを

　　選び，同じ人数の生徒が日記を書くことを選びました。

　　みなさんのあいだで一番人気があったものはたぶん想像がつく

　　と思います。

　　英語の歌を聞くことでした。

　　これからもずっと英語を楽しんでほしいです。

　　Question：話し手が説明しているのはどのグラフですか？

音声を聞く前にグラフの項目名を見ておこう。
スピーチ：10人以上
物語：8人
日記：物語と同じ人数
英語の歌：最も人気

これらの情報から**ア**を選べるね。

No.4　グラフを見て下さい。

　　これは，2014年に私たちの市に建てられた美術館の，来場者数

　　のグラフです。

　　その数は2016年まで増加し続けました。

　　しかし，次の年に20％減少しました。

　　2017年と2018年は同数でした。

　　Question：話し手が説明しているのはどのグラフですか？

増減に着目しよう。
「2016年まで増加」
「2017年と2018年は
同数」より，**ウ**だ
ね。

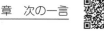 ← さらに詳しい解説

第2章　　　　次の一言

基本問題

解答　No.1　イ　　No.2　ウ　　No.3　イ　　No.4　ア

🔊 **放送文** 💿**5**

No.1　㊛：★Have you ever been to a foreign country?

　　　　㊚：Yes. I went to Australia last year.

　　　　㊛：Oh, I see. How long did you stay there?

ア　By plane.　**イ　For six days.**　ウ　With my family.

No.2　㊛：★May I help you?

　　　　㊚：Yes, I'm ★looking for a blue jacket.

　　　　㊛：How about this one?

ア　Here you are.　イ　I'm just looking.　**ウ　It's too expensive for me.**

No.3　㊛：★What are you going to do this weekend?

　　　　㊚：I'm going to ★go fishing in the sea with my father if it's sunny.

　　　　㊛：Really? That will be fun.

ア　Sorry, I'm busy.　**イ　I hope the weather will be nice.**　ウ　Nice to meet you.

No.4　㊛：Hello.

　　　　㊚：Hello, this is Mike. ★May I speak to Yoko?

　　　　㊛：I'm sorry. She isn't at home now.

ア　OK. I'll call again later.　イ　Shall I take a message?　ウ　Hello, Yoko. How are you?

📍 **覚えたい表現**
Memory work

★Have you ever been to ～?
「～に行ったことがありますか？」

★May I help you?
「お手伝いしましょうか？／いらっしゃいませ」
★look for ～
「～を探す」

★What are you going to do?
「何をするつもりですか？」
★go fishing
「釣りに行く」

★May I speak to ～?
「（電話で）～さんをお願いできますか？」

最後の英文をメモできたかな。質問ならばそれに合う答えを選び，質問でなければ，話の流れから考えよう。消去法も有効だよ。

日本語訳

No.1
　(女)：外国に行ったことはある？

　(男)：うん。去年，オーストラリアに行ったよ。

　(女)：あら，そうなの。そこにはどれくらい滞在したの？

ア　飛行機だよ。　　イ　6日間だよ。　　ウ　家族と一緒にだよ。

> 最後の英文
> How long ～ ?
> 「(期間をきいて)どれくらい～？」より，返答はFor ～ .
> 「～間です」だね。

No.2
　(女)：お手伝いしましょうか？

　(男)：はい，青いジャケットを探しています。

　(女)：こちらはいかがですか？

ア　はい，どうぞ。　　イ　見ているだけです。　　ウ　私には値段が高すぎます。

> 最後の英文
> How about this one?
> 「こちらはいかがですか？」より，返答はウだね。

No.3
　(女)：この週末は何をするつもりなの？

　(男)：晴れたら，父と海に釣りに行くつもりだよ。

　(女)：本当に？それは楽しそうね。

ア　ごめん，僕は忙しいんだ。　　イ　天気が良いことを願うよ。
ウ　会えてうれしいよ。

> 最後の英文が質問ではない。その前に「晴れたら…」と言っているので，話の流れからイだね。

No.4
　(女)：もしもし。

　(男)：もしもし，マイクです。ヨウコさんをお願いできますか？

　(女)：ごめんね。彼女は今家にいないわ。

ア　わかりました。あとでかけ直します。　　イ　伝言を預かりましょうか？
ウ　やあ，ヨウコ。元気？

> 電話で相手が不在だった場合，電話をかけた側がよく使う表現を選ぶよ。ふさわしいのはアだね。

練習問題

解答　No.1　エ　　No.2　ウ　　No.3　イ　　No.4　ア

🔊 放送文　◎6

No.1　男：Hello?

女：This is Natsuki. May I speak to Jim, please?

男：I'm sorry, but ★you have the wrong number.

ア　I don't know your phone number.
イ　I see. Do you want to leave a message?
ウ　Can you ask him to call me?
エ　I'm so sorry.

★You have the
wrong number.
「番号が違っていま
す」

No.2　男：Have you finished cooking?

女：No. ★I've just washed the tomatoes and carrots.

男：OK. Can I help you?

ア　Sorry. I haven't washed the tomatoes yet.
イ　I don't think so. Please help me.
ウ　Thanks. Please cut these carrots.
エ　All right. I can't help you.

★I've just＋過去分詞.
「ちょうど〜したとこ
ろだ」

No.3　女：It's so hot today. Let's have something to drink.

男：Sure. I know a good shop. It ★is famous for fruit juice.

女：Really?　★How long does it take to get there from here by bike?

ア　Ten o'clock in the morning.　イ　Only a few minutes.
ウ　Four days a week.　エ　Every Saturday.

★be famous for 〜
「〜で有名である」
★How long does
it take to 〜？
「〜するのにどれく
らい時間がかかりま
すか？」

No.4　男：Whose notebook is this? ★There's no name on it.

女：Sorry, Mr. Jones. It's mine.

男：Oh, Ellen. You should write your name on your notebook.

ア　Sure. I'll do it now.　イ　No. I've never sent him a letter.
ウ　Yes. You found my name on it.　エ　Of course. I finished my homework.

★There is no 〜.
「〜がない」

覚えたい表現
Memory work

— 13 —

最後の英文を聞き取って，メモできたかな？質問や提案に対する受け答えを注意深く選ぼう。

日本語訳

No.1　(男)：もしもし？

　　　　(女)：ナツキです。ジムさんをお願いできますか？

　　　　(男)：すみませんが，番号が違っています。

ア	私はあなたの電話番号を知りません。
イ	わかりました。伝言を残したいですか？
ウ	私に電話するよう彼に伝えてくれますか？
エ	失礼しました。

男性の「番号が違っています」に対して，エ「失礼しました」以外は不適切だね。

No.2　(男)：料理は終わった？

　　　　(女)：いいえ。ちょうどトマトとニンジンを洗ったところよ。

　　　　(男)：よし，手伝おうか？

ア	ごめん。私はまだトマトを洗い終えていないの。
イ	そうは思わないわ。私を手伝って。
ウ	ありがとう。ニンジンを切って。
エ	わかったわ。私は手伝えないわ。

男性の提案「手伝おうか？」に対して，ウ「ありがとう。ニンジンを切って」以外は不適切だね。

No.3　(女)：今日はとても暑いわ。何か飲みましょう。

　　　　(男)：いいね。いい店を知っているよ。フルーツジュースで有名なんだ。

　　　　(女)：本当に？自転車でそこに行くのにどれくらい時間がかかるの？

ア	午前10時だよ。	イ	ほんの数分だよ。
ウ	週に４日だよ。	エ	毎週土曜日だよ。

How long does it take to ～？「～するのにどれくらい時間がかかりますか？」に対して，イ Only a few minutes.「ほんの数分」以外は不適切だね。

No.4　(男)：これは誰のノートかな？名前が書いてないな。

　　　　(女)：すみません，ジョーンズ先生。私のです。

　　　　(男)：おお，エレン。ノートには自分の名前を書いておくべきだよ。

ア	わかりました。すぐにそうします。
イ	いいえ。彼に手紙を送ったことはありません。
ウ	はい。あなたはそこに私の名前を見つけましたよね。
エ	もちろんです。私は宿題を終えました。

先生から「ノートには自分の名前を書いておくべきだよ」と言われたことに対して，ア「わかりました。すぐにそうします」以外は不適切だね。

第3章　　　対話や英文と質問（1つ）

基本問題

解答　No.1　エ　　No.2　ア　　No.3　ウ

No.1　Mike finished his homework.

He was very hungry.

His mother said, "Dinner ★is ready.

Please ★tell Dad to come to the dining room."

So he went to his father.

Question：What is Mike's mother going to do?

> ア　She is going to do Mike's homework with her husband.
> イ　She is going to cook dinner in the dining room.
> ウ　She is going to go to the dining room with Mike.
> エ　**She is going to eat dinner with her husband and Mike.**

★be ready
「準備ができている」
★tell＋人＋to～
「（人）に～するように言う」

No.2　㊛：Tom, how's the pizza?

㊚：It's delicious, Lisa. I like your pizza very much.

㊛：Thank you. ★Would you like some more?

Question：What will Tom say next?

> ㋐　**Yes, please. I want more.**　　イ　Help yourself, Lisa.
> ウ　I'm sorry. I can't cook well.　　エ　Of course. You can take it.

★Would you like some more?
「もう少しいかが？」
（食べ物などを勧めるときの表現）

No.3　㊛：I want this black pen . ★How much is it?

㊚：Now we're having a sale. It's 1,500 yen this week.

㊛：I'll take it. It's a birthday present for my father.

Question：Where are they?

> ア　They are in the nurse's office.　　イ　They are in the library.
> ㋒　**They are at a stationery shop.**　　エ　They are at a birthday party.

★How much ～?
「～はいくらですか？」

選択肢を読み比べておくと，誰の何について質問されるかをある程度予想できるよ。対話を聞きながら，人の名前や行動などをメモしよう。

日本語訳

No.1 マイクは宿題を終えました。

彼はとてもお腹がすいていました。

母親が言いました。「夕食の準備ができたわ。

お父さんにダイニングに来るように言って」

それで彼は父親のところに行きました。

Question：マイクの母親は何をするつもりですか？

ア　彼女は夫と一緒にマイクの宿題をするつもりです。
イ　彼女はダイニングで夕食を作るつもりです。
ウ　彼女はマイクとダイニングに行くつもりです。
エ　彼女は夫とマイクと一緒に夕食を食べるつもりです。

解説

マイク：宿題が終わった。おなかがすいた。父親を呼びに行く。
母親：夕食の準備ができた。
つまり，これから3人で夕食を食べるので，エだね。

No.2　女：トム，ピザはどう？

男：おいしいよ，リサ。僕は君のピザが大好きだよ。

女：ありがとう。もう少しいかが？

Question：トムは次に何を言うでしょうか？

ア　うん，お願い。もっとほしい。　イ　自由に取ってね，リサ。
ウ　ごめん。うまく料理できないんだ。　エ　もちろん。取っていいよ。

リサがトムに「もう少しいかが？」と勧めているので，アだね。

No.3　女：私はこの 黒いペン を買いたいです。おいくらですか？

男：ただいまセール中です。今週は1500円です。

女：それをいただきます。父への誕生日プレゼントなんです。

Question：彼らはどこにいますか？

ア　彼らは保健室にいます。　イ　彼らは図書館にいます。
ウ　彼らは文具店にいます。　エ　彼らは誕生日会にいます。

黒いペンを売っている店だから，ウの stationery shop「文具店」だね。

練習問題

解答　No.1　ア　　No.2　イ　　No.3　ア　　No.4　イ

🔊 放 送 文　💿8

No.1　(男)：I'm going to buy a birthday present for my sister. Lisa, can you go with me?

(女)：Sure, Ken.

(男)：★Are you free tomorrow?

(女)：Sorry, I can't go tomorrow. When is her birthday?

(男)：Next Monday. Then, how about this Saturday or Sunday?

(女)：Saturday is fine with me.

(男)：Thank you.

(女)：What time and where shall we meet?

(男)：How about at eleven at the station?

(女)：OK. See you then.

Question：When are Ken and Lisa going to buy a birthday present for his sister?

⑦ This Saturday.　イ　This Sunday.　ウ　Tomorrow.　エ　Next Monday.

No.2　(女)：Hello?

(男)：Hello. This is Tom. Can I speak to Eita, please?

(女)：Hi, Tom. I'm sorry, he ★is out now.
Do you ★want him to call you later?

(男)：Thank you, but I have to go out now. ★Can I leave a message?

(女)：Sure.

(男)：Tomorrow we are going to do our homework at my house. ★Could you ask him to bring his math notebook?
I have some questions to ask him.

(女)：OK, I will.

Question：What does Tom want Eita to do?

| ア　To do Tom's homework.　　④ **To bring Eita's math notebook.**
ウ　To call Tom later.　　エ　To leave a message. |
| --- |

覚えたい表現
Memory work

★Are you free?
「（時間が）空いている？」

★be out
「外出している」
★want＋人＋to 〜
「(人)に〜してほしい」
★Can I leave a message?
「伝言をお願いできますか？」

★Could you 〜？
「〜していただけませんか？」

音声を聞く前に選択肢を読み比べて，質問される人や内容を考えておこう。対話が長いので，ポイントをしぼってメモをとろう。

日本語訳

解 説
Explanation

No.1

(男)：姉(妹)の誕生日プレゼントを買おうと思っているんだ。リサ，一緒に来てくれない？

(女)：いいわよ，ケン。

(男)：明日は空いてる？

(女)：ごめんね，明日は行けないわ。彼女の誕生日はいつ？

(男)：次の月曜日だよ。じゃあ，この土曜日か日曜日はどう？

(女)：土曜日は都合がいいわ。

(男)：ありがとう。

(女)：何時にどこで待ち合わせる？

(男)：11時に駅でどうかな？

(女)：ええ。じゃあそのときね。

Question：ケンとリサはいつ彼の姉(妹)の誕生日プレゼントを買うつもりですか？

⑦ この土曜日。　イ　この日曜日。　ウ　明日。　エ　次の月曜日。

選択肢より，曜日に注意してメモをとろう。This Saturday.「この土曜日」の**ア**だね。

No.2

(女)：もしもし？

(男)：もしもし。トムです。英太さんをお願いできますか？

(女)：こんにちは，トム。ごめんね，彼は今外出しているわ。あとでかけ直すようにしましょうか？

(男)：ありがとうございます，でもすぐに外出しないといけないんです。伝言をお願いできますか？

(女)：いいわよ。

(男)：明日，僕の家で一緒に宿題をすることになっています。数学のノートを持ってくるよう彼に頼んでいただけませんか？彼にいくつか尋ねたいことがあるんです。

(女)：わかったわ，伝えておくわね。

Question：トムが英太にしてほしいことは何ですか？

ア　トムの宿題をすること。　　④　数学のノートを持ってくること。
ウ　あとでトムに電話すること。　エ　伝言を残すこと。

選択肢より，英太がトムに対してすること(トムが英太にしてほしいこと)を選ぼう。トムは3回目の発言でイの内容の伝言を伝えたんだね。

← さらに詳しい解説

No.3

女：Hi, Mike. ★What kind of book are you reading?

男：Hi, Rio. It's about *ukiyoe* pictures. I learned about them last week.

女：I see. You can see *ukiyoe* in the city art museum now.

男：Really? I want to visit there.
In my country, there are some museums that have *ukiyoe*, too.

女：Oh, really? I ★am surprised to hear that.

男：I have been there to see *ukiyoe* once.
I want to see them in Japan, too.

女：I went to the city art museum last weekend.
It was very interesting. You should go there.

Question：Why was Rio surprised?

> ㋐ **Because Mike said some museums in his country had *ukiyoe*.**
> イ　Because Mike learned about *ukiyoe* last weekend.
> ウ　Because Mike went to the city art museum in Japan last weekend.
> エ　Because Mike didn't see *ukiyoe* in his country.

No.4

女：Hello, Hiroshi. How was your holiday?

男：It was great, Lisa. I went to Kenroku-en in Kanazawa. It is a beautiful Japanese garden.

女：How did you go there?

男：I took a train to Kanazawa from Toyama.
Then I wanted to take a bus from Kanazawa Station, but there were many people. So I ★decided to walk.

女：Oh, really? How long did it take ★from the station to Kenroku-en?

男：About 25 minutes. I saw many people from other countries.

女：I see. Kanazawa is an ★international city.

Question：Which is true?

> ア　It took about 25 minutes from Toyama to Kanazawa.
> ㋑ **Hiroshi walked from Kanazawa Station to Kenroku-en.**
> ウ　Hiroshi went to many countries during his holiday.
> エ　Hiroshi took a bus in Kanazawa.

覚えたい表現
Memory work

★What kind of 〜?
「どんな種類の〜？」

★be surprised to 〜
「〜して驚く」

★decide to 〜
「〜することに決める／決心する」
★from A to B
「AからBまで」

★international
「国際的な」

No.3
　　女：こんにちは，マイク。どんな本を読んでいるの？

　　男：やあ，リオ。浮世絵についての本だよ。先週それらについて学んだんだ。

　　女：そうなの。今，市立美術館で浮世絵を見ることができるよ。

　　男：本当に？そこに行きたいな。
　　　　僕の国にも，浮世絵のある美術館があるよ。

　　女：え，本当に？それを聞いて 驚いた わ。

　　男：僕は一度そこに浮世絵を見に行ったことがあるよ。
　　　　日本でも見たいな。

　　女：先週末，市立美術館に行ったの。
　　　　とても面白かったわ。あなたも行くべきよ。

　Question：なぜリオは驚きましたか？

ア　マイクが彼の国の美術館に浮世絵があると言ったから。
イ　マイクが先週末に浮世絵について学んだから。
ウ　マイクが先週末に日本の市立美術館に行ったから。
エ　マイクが彼の国で浮世絵を見なかったから。

No.4
　　女：こんにちは，ヒロシ。休みはどうだった？

　　男：すばらしかったよ，リサ。金沢の兼六園に行ったよ。
　　　　美しい日本庭園だよ。

　　女：そこにはどうやって行ったの？

　　男：富山から金沢まで電車に乗ったよ。
　　　　そして金沢駅からはバスに乗りたかったけれど，とてもたくさんの人がいたんだ。それで僕は歩くことにしたよ。

　　女：まあ，本当？駅から兼六園までどれくらい時間がかかったの？

　　男：約25分だよ。外国から来たたくさんの人を見たよ。

　　女：なるほど。金沢は国際都市ね。

　Question：どれが正しいですか？

ア　富山から金沢まで約25分かかった。
イ　ヒロシは金沢駅から兼六園まで歩いた。
ウ　ヒロシは休みの間にたくさんの国に行った。
エ　ヒロシは金沢でバスに乗った。

解 説
Explanation

選択肢が全て
Because Mike 〜.
マイクが言ったことは
・浮世絵についての
本を読んでいる。
・浮世絵のある美術
館が自国にもある。
・自国の美術館に浮
世絵を見に行った
ことがある。
・日本でも浮世絵を
見たい。
質問は「リサが驚い
た理由」だから，ア だ
ね。

選択肢から以下の
キーワードにしぼっ
て，音声の同様の単
語に注意しよう。
ア 25 minutes
イ walk
ウ many countries
エ bus
アはヒロシの3回目，
イ，エ は2回目の発
言にあるけど，ウ は
音声にはないね。ヒ
ロシは金沢駅から兼
六園まで歩いたの
で，イ だね。

第4章　　**語 句 を 入 れ る**

基本問題

解答　No.1　（ア）土　（イ）2時30分　（ウ）青

　　　No.2　（ア）博物館〔別解〕美術館　（イ）150　（ウ）生活〔別解〕暮ら

 覚えたい表現 Memory work

No.1　㊛：David, the festival will ★be held ㋐ from Friday to Sunday , right?

　　　㊚：Yes, Kyoko. I'm going to join the dance event at the music hall ㋐★ on the second day .

　　　㊛：That's great! Can I join, too?

　　　㊚：Sure. It will start at ㋑ three in the afternoon.
　　　　　Let's meet there ㋑ 30 minutes before that .
　　　　　We will wear ㋒ blue T-shirts when we dance.
　　　　　Do you have one?

　　　㊛：Yes, I do. I'll bring it.

★be held
「開催される」

★on the second day「2日目に」

No.2　㊚：What is this building, Kate? It looks very old.

　　　㊛：This is a ㋐ museum , Eita.
　　　　　It was built about ㋑ 150 years ago and used as a school.

　　　㊚：What can we see here?

　　　㊛：You can see how people ㋒ lived ★a long time ago.
　　　　　★Shall we go inside now?

　　　㊚：OK. Let's go.

★a long time ago
「昔」
★Shall we ～?
「(一緒に)～しましょうか?」

音声を聞く前に空欄を見て，どのような語句が入るか予想しよう。数を聞き取る問題は，アクセントに注意しよう。

No.1 　(女)：デイビッド，お祭りは ₇ 金曜日から日曜日まで 開催されるのよね？

　　　　(男)：そうだよ，教子。僕は ₇ 2日目に 音楽ホールで行われるダンスイベントに参加する予定だよ。

　　　　(女)：いいわね！私も参加していい？

　　　　(男)：いいよ。それは午後 ᵧ 3時 に始まるよ。 ᵧ 30分前（＝午後2時30分）に現地で待ち合わせしよう。僕らはダンスをするときに ᵤ 青いTシャツ を着るんだ。持っている？

　　　　(女)：ええ，持っているわ。それを持っていくね。

No.2 　(男)：この建物は何だろう，ケイト？とても古そうだね。

　　　　(女)：これは ₇ 博物館 よ，英太。約 ᵧ 150 年前に建てられて，学校として使われたの。

　　　　(男)：ここでは何を見ることができるの？

　　　　(女)：昔の人々がどのように ᵤ 生活していた かを見られるわ。では中に入りましょうか？

　　　　(男)：うん。行こう。

解 説
Explanation

お祭り：
金 曜日～日 曜日

ダンスイベント：
2 日目
開始時刻：午後 3 時
集合時刻：30 分前
Tシャツの色：青 色

ア
museum「博物館／美術館」を聞き取ろう。
イ
one hundred and fifty（＝150）
fiftyのアクセントに注意。fiftyのアクセントは前にあるよ。
ウ
how以下が間接疑問。lived「生活していた」を聞き取ろう。

練習問題

解答　No.1　（ア）Sunday　（イ）11 (in the morning)　No.2　（ア）learn　（イ）Thursday

🔊 放 送 文　💿10

覚えたい表現
Memory work

No.1

男：Hi, Lisa. This is Mike. How's everything?

女：Great, thanks. *What's up?

男：My brother is coming to Fukuoka next Friday and will stay here for three weeks.

How about going to a ramen shop together?

He has wanted to eat ramen in Fukuoka *for a long time.

女：Oh, there's a good ramen shop near my house.
Let's go there.

男：That's great. He will be glad to hear that.

When and where shall we meet?

女：Can you come to my house at イ eleven in the morning next Saturday?

Then we can walk to the ramen shop together.

男：I'm sorry, I can't. I'm busy until three in the afternoon that day.

How about * イ the same time next ア Sunday ?

女：All right. Can I *invite my friend Nancy?

男：Sure. See you then. Bye.

No.2

男：Thank you for coming to our concert today, Aya. How was it?

女：Wonderful! Everyone was great. You especially played the violin very well, James. I really enjoyed the concert.

男：I'm glad to hear that.

女：I want to play the violin, too. ア Can you teach me *how to play it ?

男：ア Sure. イ I'm free every Thursday.

Please come to my house and we can practice together.

女：That's nice! Can I visit you next イ Thursday ?

男：Of course.

★What's up?
「どうしたの？」

★for a long time
「長い間／ずっと」

★the same time
「同じ時間」
★invite 〜
「〜を招く／誘う」

★how to 〜
「〜する方法」

- 23 -

音声で流れない語句を答えなくてはならない場合もあるよ。そのようなときは，前後の内容から考えて語句を導き出そう。

日本語訳

解 説
Explanation

No.1

男：もしもし，リサ。マイクだよ。元気？

女：元気よ。どうしたの？

男：兄(弟)が今度の金曜日に福岡に来て，3週間いるんだ。
一緒にラーメン屋に行かない？
兄(弟)がずっと福岡のラーメンを食べたいって言っててさ。

女：それなら家の近くにおいしいラーメン屋があるわよ。
そこに行こうよ。

男：やったあ。兄(弟)もそれを聞いたら喜ぶよ。
いつどこで待ち合わせをしようか？

女：今度の土曜日，ィ 午前11時 に私の家に来られる？
歩いて一緒にラーメン屋まで行けるわ。

男：ごめん，無理だ。その日は午後3時まで忙しいんだ。
今度の ァ 日曜日 の ィ 同じ時間 はどう？

女：いいわよ。友達のナンシーも誘っていい？

男：もちろんだよ。じゃあそのときね。バイバイ。

ラーメン屋に行く曜日と時間を答える問題だね。
リサ：土曜日午前11時を提案。
マイク：日曜日の同じ時間を提案。

No.2

男：今日はコンサートに来てくれてありがとう，アヤ。どうだった？

女：素敵だったわ！みんな上手だった。特にあなたはバイオリンをとても上手に演奏していたね，ジェームス。
本当にいいコンサートだったわ。

男：それを聞いてうれしいよ。

女：私もバイオリンを弾いてみたいわ。ァ弾き方を教えてくれない？

男：ァいいよ。ィ毎週木曜日は時間があるよ。
僕の家においでよ，それなら一緒に練習できるよ。

女：ありがとう！次のィ 木曜日 に行ってもいい？

男：もちろんだよ。

ア
ジェームスはアヤにバイオリンを教える＝アヤはジェームスからバイオリンを学ぶ。learn「学ぶ」が適切だよ。音声で流れない単語を書く難問だね。practice を入れると後ろのfrom youと合わないから不適切だね。

イ
Thursday「木曜日」を聞き取ろう。

- 24 -

← さらに詳しい解説

第5章　対話と質問（複数）

基本問題

解答　No.1　イ　　No.2　ア　　No.3　イ　　No. 4　ア

 放送文　

男：Hello, Ms. Brown.

女：Hi, Kenji. You don't look well today. ★What happened?

男：Last week we had a basketball game.

I was ★so nervous that I couldn't play well.

No.1 イ Finally, our team lost the game.

女：Oh, I understand how you feel.

I played basketball for ten years in America.

I felt nervous during games, too.

男：Oh, did you? No.2 ア I always ★feel sorry for my friends in my team when I make mistakes in the game.

女：Kenji, I had the same feeling. When I made a mistake in the game, I ★told my friends that I was sorry.

But one of my friends said, "Don't feel sorry for us. We can ★improve by making mistakes. You can try again!"

She told me with a big smile.

Her words and smile ★encouraged me.

★Since then, I have ★kept her words in mind.

男：Thank you, Ms. Brown. I learned a very important thing from you. No.4 ア Now I believe that I can improve my basketball skills by making mistakes.

女：Great, Kenji! I'm glad to hear that. No.3 イ When is your next game?

男：Oh, No.3 イ it's in November. Please come to watch our game!

女：Sure. I'm ★looking forward to seeing it. Good luck.

男：Thank you, Ms. Brown. I'll ★do my best.

覚えたい表現
Memory work

★What happened?
「何かあった？」

★so…that 〜
「とても…なので〜」

★feel sorry for 〜
「〜に申し訳なく思う」

★tell＋人＋that 〜
「(人)に〜と言う」

★improve
「上達する」

★encourage 〜
「〜を励ます」
★since then
「それ以来」
★keep 〜 in mind
「〜を心に留める」

★look forward to 〜 ing
「〜することを楽しみにする」
★do one's best
「ベストを尽くす」

音声を聞く前に問題文や選択肢を読んでおこう。対話が長いので，集中力を切らさず，答えに関する内容を正しく聞き取ってメモしよう。

日本語訳

男：こんにちは，ブラウン先生。

女：あら，ケンジ。今日は元気がないわね。何かあった？

男：先週，バスケットボールの試合がありました。

とても緊張してうまくプレーできなかったんです。

No.1 ィ 結局，僕らのチームは試合に負けてしまいました。

女：まあ，私はあなたの気持ちがわかるわ。

私はアメリカで10年間バスケットボールをしていたの。

私もゲーム中に緊張していたわ。

男：先生もですか？ No.2 ァ 僕は試合でミスをしたとき，いつもチームの友達に申し訳なく思います。

女：ケンジ，私も同じ気持ちだったわ。試合で自分がミスをしたとき，友達に謝っていたの。

でも，友達の1人が，「申し訳なく思うことはないわ。

私たちはミスをすることで上達するの。

また挑戦すればいいのよ！」と満面の笑みで言ってくれたのよ。

彼女の言葉と笑顔に励まされたわ。

それ以来，彼女の言葉を心に留めているの。

男：ありがとうございます，ブラウン先生。僕は先生からとても大切なことを学びました。No.4 ァ 今はミスをすることによってバスケットボールの技術を上達させられると信じています。

女：すごい，ケンジ！それを聞いてうれしいわ。No.3 ィ 次の試合はいつ？

男：ああ，No.3 ィ 11月にあります。僕たちの試合を見に来てください！

女：いいわ。試合を見るのを楽しみにしているわ。がんばってね。

男：ありがとうございます，ブラウン先生。ベストを尽くします。

解説
Explanation

・先週の試合でケンジのチームは負けた。

・ブラウン先生はアメリカで10年間バスケットボールをしていた。

・ケンジはミスをすると友達に申し訳ないと思う。

・ブラウン先生はミスをすると友達に謝っていた。

・しかし，ブラウン先生の友達がまた挑戦すればいいと言った。その言葉と笑顔に励まされた。

・ケンジはブラウン先生からとても大切なことを学んだ。今ではミスをすることでバスケットボールの技術が上達すると信じている。

・ケンジの次の試合は11月にある。

・ブラウン先生は試合を楽しみにしている。

・ケンジはベストを尽くすつもりだ。

練習問題

解答　No.1　イ　　No.2　イ　　No.3　エ　　No.4　エ

 放送文　 12

覚えたい表現
Memory work

女：Hi, Daiki. What will you do during the spring vacation?

男：My family will spend five days in Tokyo with my friend, Sam.
He is a high school student from Sydney. I met him there.

女：I see. No.1 イ Did you live in Sydney?

男：No.1 イ Yes. My father worked there when I was a child.
Sam's parents ★asked my father to take care of Sam in Japan.
No.2 イ He will come to my house in Osaka next week.

★ask＋人＋to～
「（人）に～するように頼む」

女：Has he ever visited Japan?

男：No, he hasn't. I haven't seen him for a long time, but we
often send e-mails to ★each other.

★each other
「お互いに」

女：How long will he stay in Japan?

男：For ten days. No.3 エ Have you ever been to Tokyo, Cathy?

女：No.3 エ No, but I'll visit there this May with my friend, Kate.
She lives in America. Do you often go to Tokyo?

男：Yes. My grandmother lives there.
We will visit the zoo and the museum with her.
We will also go shopping together.

女：★That sounds good. Sam will be very glad.

★That sounds
good.
「それはいいね」
★a lot of ～
「たくさんの～」

男：I hope so. Well, I sent him a book about Tokyo which has
★a lot of beautiful pictures.

女：Cool. I also want to give a book like that to Kate because
No.4 エ she likes taking pictures of beautiful places.
★Actually, she has been to many foreign countries to take
pictures.

★actually
「実際に／実は」

男：That's interesting. I like taking pictures, too.
So I want to see the pictures she took in other countries.

女：OK. I'll tell her about that.

男：Thank you.

Question No.1：Where did Daiki live when he was a child?

Question No.2：Who will come to Daiki's house next week?

Question No.3：Has Cathy visited Tokyo before?

Question No.4：What does Kate like to do?

ダイキとキャシーの対話。ダイキの友達のサムと，キャシーの友達のケイトも出てくるよ。音声を聞きながら，誰が何をしたかをメモしよう。

日本語訳

解説
Explanation

㊛：こんにちは，ダイキ。春休みは何をするの？

㊚：家族で，友達のサムと一緒に東京に5日間滞在するよ。サムはシドニー出身の高校生だよ。僕はシドニーで彼と知り合ったんだ。

㊛：そうなんだ。　No.1 ィ あなたはシドニーに住んでいたの？

㊚：No.1 ィ そうだよ。僕が子どものころ，父がシドニーで働いていたんだ。サムの両親が，日本に行くサムの面倒を見てくれるよう父に頼んだんだよ。

　　No.2 ィ サムは来週，大阪の我が家に来るよ。

㊛：彼は日本に来たことがあるの？

㊚：ないよ。僕も長いこと彼に会っていないんだ，でもお互いによくメールを送り合っているよ。

㊛：彼は日本にどのくらい滞在するの？

㊚：10日間だよ。No.3 ェ キャシーは東京に行ったことある？

㊛：No.3 ェ いいえ，でも友達のケイトと，今年の5月に行くつもりよ。彼女はアメリカに住んでいるわ。あなたはよく東京に行くの？

㊚：うん。祖母が住んでいるんだ。
　　僕たちは，祖母と一緒に動物園と博物館に行く予定だよ。
　　それから一緒に買い物にも行くつもりなんだ。

㊛：それはいいわね。サムはとても喜ぶと思うわ。

㊚：そうだといいな。そういえば，僕はサムに，素敵な写真がたくさん載っている東京に関する本を送ったんだよ。

㊛：いいわね。私もそういう本をケイトに送りたいわ，No.4 ェ 彼女は美しい場所の写真を撮るのが好きだから。
　　実は，彼女は写真を撮るためにたくさん外国に行っているのよ。

㊚：それは興味深いな。僕も写真を撮るのが好きだよ。
　　だから彼女が外国で撮った写真を見たいな。

㊛：わかった。彼女にそう伝えておくわ。

㊚：ありがとう。

Question No.1：ダイキは子どものころ，どこに住んでいましたか？

Question No.2：来週，誰がダイキの家に来ますか？

Question No.3：キャシーは以前，東京に行ったことがありますか？

Question No.4：ケイトは何をするのが好きですか？

No.1
ダイキについての質問だね。ダイキは幼少期にシドニーに住んでいたと言っているね。

No.2
ダイキの家に来るのは，ダイキの友達のサムだね。

No.3
キャシーは，東京に行く予定はあるけれど，まだ行ったことはないと言っているね。Has Cathy 〜？と聞かれたから，No, she hasn't. と答えよう。

No.4
キャシーが友達のケイトの好きなことを紹介しているね。

第6章　　　　英文と質問（複数）

基本問題

解答　No.1　ア　　No.2　エ　　No.3　ウ

Today is the last day before summer vacation.

From tomorrow, you'll have twenty-five days of vacation and I'll give you some homework to do.

For your homework, you must write a report about the problems in the *environment and you must use *more than one hundred English words.

We've *finished reading the textbook about the problems in the environment.

So, No.1 ア in your report, you must write about *one of the problems in the textbook that is interesting to you.

*The textbook says that there are many kinds of problems like water problems or fires in the mountains.

No.2 エ The textbook also says that everyone in the world must continue thinking about *protecting the environment from these problems.

If you want to know more about it, use the Internet or books in the city library.

No.3 ウ Please give me your report at the next class.

I hope you enjoy this homework and have a good vacation.

★environment
「環境」
★more than ～
「～以上」
★finish ～ ing
「～し終える」

★one of ～
「～の1つ」

★the textbook says
(that)～「教科書に
は～と書いてある」

★protect A from B
「BからAを守る」

音声を聞く前に，問題文，質問，選択肢の内容から，聞き取るべきキーワードをイメージできたかな？それらのキーワードに関連する部分を中心にメモをとろう。

日本語訳

今日は夏休み前の最終日です。

明日からみなさんは25日間の休暇に入るので，宿題を出します。

みなさんは宿題として，環境問題についてのレポートを書いてください，なお，英単語を100語以上使わなければいけません。

私たちは環境問題についての教科書を読み終えました。

ですから No.1 ァレポートでは，教科書の中で自分の興味がある問題の1つについて書いてください。

教科書には，水問題や山火事のような，多くの種類の問題があると書いてあります。

No.2 ェまた，教科書には，世界中の誰もが，これらの問題から環境を守ることを考え続けなければいけない，とも書いてあります。

もっと詳しく知りたい人は，インターネットや市立図書館にある本を利用してください。

No.3 ゥレポートは，次の授業で私に提出してください。

みなさんがこの宿題を楽しみ，良い休暇を過ごすことを願っています。

解説
Explanation

・夏休み前の最終日。明日から25日間の休みに入る。
・環境問題についてのレポートを書く。英単語を100語以上使う。
・環境問題についての教科書を読み終えた。
・教科書の中で興味がある問題を選ぶ。
・教科書には世界中の誰もが環境を守ることについて考え続けなければならないと書いてある。
・詳しく知りたい人はインターネットや市立図書館の本を利用する。
・次の授業でレポートを提出する。

練習問題

解答　No.1　イ　　　No.2　エ　　　No.3　ウ　　　No.4　イ

放送文　

Today, I'll tell you about my grandmother's birthday party.

Before her birthday, I talked about a birthday present for her with my father and mother.

My father said, "Let's go to a cake shop and buy a birthday cake."

No.1 イ My mother said, "That's a good idea. I know a good cake shop." But when I saw my bag, I had another idea. I said, "No.2 エ My grandmother made this bag *as my birthday present last year, so I want to make a cake for her."

★as ～ 「～として」

They agreed.

No.3 ウ On her birthday, I started making the cake at nine in the morning. My father and mother helped me because that was *my first time. I finished making it at one in the afternoon.

★my first time 「（私にとって）初めてのこと」

We visited my grandmother at six and started the party for her.

First, we enjoyed a special dinner with her.

After that, I showed her the cake.

When she saw it, she said, "Wow, did you make it? I'm so happy. Thank you, Kyoko."

I *was happy to hear that.

★be happy to ～ 「～してうれしい」

No.4 イ Then we *sang a birthday song for her and ate the cake with her. I'll never forget that wonderful day.

★sang sing「歌う」の過去形

Question No.1：Who knew a good cake shop?

Question No.2：Why did Kyoko want to make a cake for her grandmother?

Question No.3：*How many hours did Kyoko need to make the cake?

★How many hours ～ ? 「何時間～？」

Question No.4：What did Kyoko do at her grandmother's birthday party?

選択肢から，No.1は人物，No.2は理由，No.3は時間，No.4は行動についての質問だと推測できるね。関連部分の音声に注意しながら聞き取ってメモをし，質問にそなえよう。

日本語訳

解 説
Explanation

今日は，私の祖母の誕生日パーティーについて話そうと思います。

誕生日の前に，私は，祖母にあげる誕生日プレゼントについて両親と話しました。

父は，「ケーキ屋に行って誕生日ケーキを買おう」と言いました。

No.1 ィ 母は，「いい考えね。私はおいしいケーキ屋を知っているわ」と言いました。しかし私は，自分のバッグを見て別の考えが浮かびました。

「No.2 ェ おばあちゃんは去年，私の誕生日プレゼントとしてこのバッグを作ってくれたの。だから私はケーキを作りたいわ」と私は言いました。両親も賛成してくれました。

No.3 ゥ 誕生日当日，私は午前9時からケーキを作り始めました。ケーキ作りは初めてのことだったので，両親が手伝ってくれました。私は午後1時にケーキを作り終えました。

私たちは6時に祖母の家に行き，パーティーを始めました。

まず，一緒にごちそうを楽しみました。

その後，私は祖母にケーキを見せました。

それを見ると，祖母は，「まあ，自分で作ったの？とってもうれしいわ。ありがとう，教子」と言いました。

私はそれを聞いてうれしくなりました。

No.4 ィ それから私たちは，祖母のために誕生日の歌を歌って，一緒にケーキを食べました。私はあの素晴らしい日を決して忘れません。

Question No.1：おいしいケーキ屋を知っていたのは誰ですか？

Question No.2：教子はなぜ祖母にケーキを作ってあげたかったのですか？

Question No.3：教子はケーキを作るのに何時間かかりましたか？

Question No.4：教子は祖母の誕生日パーティーで何をしましたか？

No.1
おいしいケーキ屋を知っていた人は，ケーキを買おうと言ったお父さんではないよ。教子のお母さんだね。

No.2
おばあちゃんがバッグを作ってくれたから，自分も手作りのものをあげたいと思ったんだね。

No.3
午前9時から午後1時までだから，4時間だね。

No.4
教子が話したのは，イの「祖母のために両親と誕生日の歌を歌った」だね。

第7章　　　　　作　文

基本問題

解答　No.1　（例文）We can give her some flowers.

No.2　（例文）I can play soccer with him. It's bcause I can talk with him in Japanese while we are playing soccer.

 放　送　文　　🔘15

No.1　㊛：Hi, John. Do you know our classmate Eiko will leave Tokyo and live in Osaka from next month?

We have to *say goodbye to her soon.

㊚：Really, Kyoko? I didn't know that. I'm very sad.

㊛：Me, too. Well, <u>let's do something for Eiko.</u>

<u>What can we do</u>?

㊚：(　　　　)

 覚えたい表現
Memory work

★say goodbye to ～
「～にさよならを言う」

No.2　Hello, everyone.

Next week a student from Australia will come to our class and study with us for a month.

His name is Bob.

He wants to enjoy his stay.

<u>He likes sports very much and wants to learn Japanese.</u>

<u>Please tell me what you can do for him and why.</u>

No.1では引っ越すクラスメートに，No.2ではオーストラリアからの留学生に対してできることを英文で書くよ。間違えずに書ける単語や表現を使って短くまとめよう。

日本語訳

No.1　⒲：こんにちは，ジョン。クラスメートのエイコが東京を去り，

来月から大阪に住むことになったって知ってる？

もうすぐさよならを言わなければならないわ。

⒨：本当に，教子？それは知らなかったよ。とても悲しいね。

⒲：私もよ。エイコのために何かしましょう。

何ができるかしら？

⒨：（　　　　　）

No.1
東京から大阪へ引っ越すクラスメートにしてあげられることを書こう。
(例文の訳)
「花束をあげることができるね」
「(人)に(もの)をあげる」＝give＋人＋もの

No.2　みなさん，こんにちは。

来週，オーストラリアから１人の留学生がこのクラスに来て，

一緒に１か月間勉強する予定です。

彼の名前はボブです。

彼はこの滞在を楽しみたいと思っています。

彼はスポーツが大好きで，日本語を学びたいと思っています。

あなたが彼のためにできることと，その理由を教えてください。

No.2
スポーツが大好きで日本語を学びたい留学生のためにできることと，その理由を書こう。
(例文の訳)
「僕は彼と一緒にサッカーをすることができます。サッカーをしながら，彼と日本語で話をすることができるからです」

練習問題

解答　No.1　ウ　　No.2　They should tell a teacher.

No.3　（例文）I want to go to America because there are a lot of places to visit.

 放送文　◎16

*Welcome to our school. I am Lucy, a second-year student of this school. We are going to show you around our school today. Our school was built in 2019, so it's still new.

Now we are in the gym.

We will start with the library, and I will *show you how to use it. Then we will look at classrooms and the music room, and _{No.1 ウ}we will finish at the lunch room. There, you will meet other students and teachers.

After that, we are going to have *a welcome party.

There is something more I want to tell you.

We took a group picture *in front of our school.

_{No.2}If you want one, you should tell a teacher tomorrow.

Do you have any questions?

Now let's start.

Please come with me.

Question No.1：Where will the Japanese students meet other students and teachers?

Question No.2：If the Japanese students want a picture, what should they do tomorrow?

Question No.3：If you study abroad, what country do you want to go to and why?

覚えたい表現
Memory work

★Welcome to ～.
「～へようこそ」

★show＋人＋もの
「(人)に(もの)を見せる」

★a welcome party「歓迎会」

★in front of ～
「～の前で」

「…ので〜したい」＝I want to 〜 because …. は英作文でよく使う形なので覚えておこう。

日本語訳

私たちの学校へようこそ。私はルーシー，この学校の2年生です。

今日はみなさんに学校を案内します。

私たちの学校は2019年に建てられました，ですからまだ新しいですね。

私たちは今，体育館にいます。

まず図書館から始めましょう，その使い方を教えます。

それから，教室と音楽室を見て，No.1 ゥ最後に食堂を見ます。そこで，みなさんは他の生徒や先生と対面することになっています。

その後，歓迎会をする予定です。

みなさんにお伝えしたいことがもう少しあります。

校舎の前でグループ写真を撮りましたね。

No.2 その写真が欲しい人は，明日先生に申し出てください。

何か質問はありますか？

では行きましょう。

私についてきてください。

Question No.1：日本の生徒はどこで他の生徒や先生と会いますか？

Question No.2：日本の生徒は写真が欲しい場合，明日何をすべきですか？

Question No.3：もしあなたが留学するなら，どの国に行きたいですか，

そしてそれはなぜですか？

解説 Explanation

No.1
他の生徒や先生と対面する場所は食堂＝the lunch roomだから，**ウ**だね。

No.2
Ifで始まる文の後半の内容を答えればいいね。

No.3
したいこととその理由を答えるときは，I want to 〜 because …. の形を使おう。
（例文の訳）
「訪れるたくさんの場所があるので，私はアメリカに行きたいです」

P3	What do you want to do in the future?	あなたは将来何をしたいですか？
	by bike	自転車で
	Can you ～?	～してくれませんか？
	Can I ～?	～してもいいですか？
	look at ～	～を見る
	have to ～	～しなければならない
P5	What's the matter?	どうしたの？
	last night	昨夜
	go to bed	寝る
	get up	起きる
	for ～（期間を表す言葉）	～の間
	stop ～ing	～することをやめる
	How about ～?	～はどうですか？
	Thank you for ～ing.	～してくれてありがとう
	for ～（対象を表す言葉）	～のために
P7	What time shall we meet?	何時に待ち合わせる？
	the ＋最上級＋ in ＋○○	○○の中で最も…
	no ＋人	（人）が1人も～ない
	I've never ～.	私は一度も～したことがない
	keep ＋人／もの＋状態	（人／もの）を（状態）に保つ
P9	school festival	学園祭
	look ～	～のように見える
	next to ～	～のとなりに
	I hear（that）～.	～だそうだ
	be good at ～ing	～することが得意だ
	be glad to ～	～してうれしい
	over ～	～以上
	make a speech	スピーチをする
	the number of ～	～の数
	keep ～ing	～し続ける
	go up	増加する
	go down	減少する
P11	Have you ever been to ～?	～に行ったことがありますか？
	May I help you?	お手伝いしましょうか？／いらっしゃいませ
	look for ～	～を探す
	What are you going to do?	何をするつもりですか？
	go fishing	釣りに行く
	May I speak to ～?	（電話で）～さんをお願いできますか？
P13	You have the wrong number.	番号が違っています
	I've just ＋過去分詞.	ちょうど～したところだ
	be famous for ～	～て有名である
	How long does it take to ～?	～するのにどれくらい時間がかかりますか？
	There is no ～.	～がない
P15	be ready	準備ができている
	tell ＋人＋ to ～	（人）に～するように言う
	Would you like some more?	もう少しかが？
	How much ～?	～はいくらですか？

P17	Are you free?	（時間）が空いている？
	be out	外出している
	want ＋人＋ to ～	（人）に～してほしい
	Can I leave a message?	伝言をお願いできますか？
	Could you ～ ?	～していただけませんか？
P19	What kind of ～?	どんな種類の～？
	be surprised to ～	～して驚く
	decide to ～	～することに決める／決心する
	from A to B	AからBまで
	international	国際的な
P21	be held	開催される
	on the second day	2日目に
	a long time ago	昔
	Shall we ～?	（一緒に）～しましょうか？
P23	What's up?	どうしたの？
	for a long time	長い間／ずっと
	the same time	同じ時間
	invite ～	～を招く／誘う
	how to ～	～する方法
P25	What happened?	何かあった？
	so…that ～	とても…なので～
	feel sorry for ～	～に申し訳なく思う
	tell ＋人＋ that ～	（人）に～と言う
	improve	上達する
	encourage ～	～を励ます
	since then	それ以来
	keep ～ in mind	～を心に留める
	look forward to ～ ing	～することを楽しみにする
	do one's best	ベストを尽くす
P27	ask ＋人＋ to ～	（人）に～するように頼む
	each other	お互いに
	That sounds good.	それはいいね
	a lot of ～	たくさんの～
	actually	実際に／実は
P29	environment	環境
	more than ～	～以上
	finish ～ ing	～し終える
	one of ～	～の1つ
	the textbook says (that) ～	教科書には～と書いてある
	protect A from B	BからAを守る
P31	as ～	～として
	my first time	（私にとって）初めてのこと
	be happy to ～	～してうれしい
	sang	sing「歌う」の過去形
	How many hours ～?	何時間～？
P33	say goodbye to ～	～にさよならを言う
P35	Welcome to ～.	～へようこそ
	show ＋人＋もの	（人）に（もの）を見せる
	a welcome party	歓迎会
	in front of ～	～の前で

聞き違いをしやすい表現
Easy to mistake

1 聞き違いをしやすい数

サーティーン　　　　サーティ
thirteen 「13」と thirty 「30」

 アクセントの位置に着目

後　　　　　前
thirteen 「13」と thirty 「30」

フォーティーン　　　　　フォーティ
fourteen 「14」と forty 「40」

フィフティーン　　　　フィフティ
fifteen 「15」と fifty 「50」

シックスティーン　　　　シックスティ
sixteen 「16」と sixty 「60」

セブンティーン　　　　セブンティ
seventeen 「17」と seventy 「70」

エイティーン　　　　エイティ
eighteen 「18」と eighty 「80」

ナインティーン　　　　ナインティ
nineteen 「19」と ninety 「90」

2 聞き違いをしやすい英語

キャン　　　　　　キャン（ト）
can 「できる」と can't 「できない」

 次の単語との間に着目

間がない　　　　間がある
can 〜　　　　can't 〜

ウォント　　　　　　　ワントゥ
won't 「しないつもり」と want to 「したい」

フェアー　　　　　　フェン
where 「どこ?」と when 「いつ?」

3 同じ発音で違う意味の英語

ワン　　　　　　ワン
won 「勝った」と one 「1」

 単語の位置や文の意味で判断

「アイ ワン ザ プライズ」だったら
→ I won the prize.
私は賞を勝ち取りました

レッド　　　　レッド
red 「赤」と read 「読んだ」

「アイ チョゥズ ワン」だったら
→ I chose one.
私は1つ選びました

4 セットで読まれる英語

ゼァリズ
There is

 連語表現の発音に慣れよう

「ゼアー」と「イズ」を続けて読むと「ゼァリズ」
There　　is

ゲラップ	ピカップ	オプニット	シェイキット	トーカバウト	ハフトゥ
get up	pick up	open it	shake it	talk about	have to
ワノブ	ウォンチュー	ミーチュー	ディジュー	ミシュー	
one of	want you	meet you	Did you	miss you	

高校入試対策

英語リスニング練習問題

基本問題集

contents

※解答集は別冊です

はじめに

　グローバル化が急速に進展する中で，外国語によるコミュニケーション能力は，一部の業種や職種だけでなく，今後の生活の様々な場面で必要になってきます。

　学習指導要領では，小・中・高等学校での一貫した外国語教育を通して，外国語による「聞くこと」，「読むこと」，「話すこと」，「書くこと」の４つの技能を習得し，簡単な情報や考えなどを理解したり伝えあったりするコミュニケーション能力を身につけることを目標としています。

　これを受けて，高校入試の英語リスニング問題は，公立高校をはじめ私立高校においても，問題数の増加や配点の上昇が顕著になってきています。

　本書は，全国の高校入試の英語リスニングでよく出題されるパターンを，７つの章に分類し，徹底的に練習できるようになっています。リスニングの出題形式に慣れるとともに，解き方，答え合わせや復習のしかたがよく分かるようになるので，限られた時間の中で効率よく学習ができます。

　高校入試の英語リスニング問題は，基礎的な単語や文法が中心で，長文読解問題に比べればそれほど複雑な内容ではありません。聴き取れれば解ける問題ばかりです。

　本書で，やさしい問題から入試レベルの問題までを繰り返し練習し，入試本番の得点力を身につけてください。

この問題集の特長と使い方

１．準備をする！

　高校入試では一斉リスニングの場合がほとんどです。できればイヤホン（ヘッドホン）を使わずに，CD プレイヤーやスピーカーを準備しよう。

　問題は，章ごとに「基本問題」と「練習問題」があります。「基本問題」に取りかかる前に，「👆 ポイント」を読んでおこう。🗨ヒント や 🗨メモ，⚠ミスに注意 にも，あらかじめ目を通しておこう。

２．問題に取り組む！

　準備ができたら，集中して音声を聴こう。間違えてもいいので必ず答えを書くことを心がけよう。

３．解答だけを確認する！

　ひとつの問題を解き終えたら，解答集ですぐに答え合わせをしよう。このとき，まだ放送文や日本語訳は見ないでおこう。解答だけを確認したら，もう一度音声を聴こう。正解した問題は聴き取れたところを，間違えてしまった問題は聴き取れなかったところを，意識しながら聴いてみよう。

４．放送文を確認する！

　今度は，解答集の放送文（英文）を目で追いながら音声を聴いてみよう。このとき，キーワード やキーセンテンス（カギとなる重要な文）を確実に聴き取れるまで何度も繰り返し聴いてみよう。途中で分からなくなったら最初から聴き直そう。

5. 覚えたい表現やアドバイスを確認する！

　解答集では，英語リスニング問題でよく出る「覚えたい表現」や，同じパターンの問題を解くときのコツなどをアドバイスしています。よく読んでおこう。

6. 日本語訳を確認する！

　解答集は，放送文と日本語訳が見開きのページに載っているので，照らし合わせながら確認しよう。内容を正しく理解できているか，会話表現の独特な言い回しをきちんと把握できているかを確認しよう。知らなかった単語や表現はここでしっかりと覚えておこう。

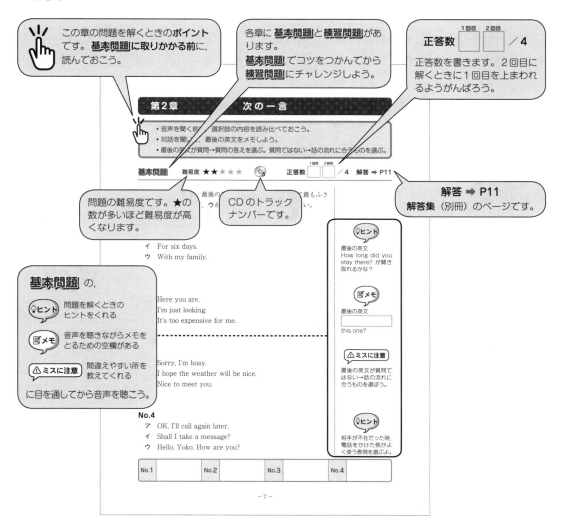

- 音声を聞く前に選択肢の絵やグラフを見比べておこう。
- 絵やグラフを見比べたら，どんな英文が流れるか予想してみよう。
- 音声を聞きながら，答えに関係しそうな内容をメモしよう。

基本問題A　難易度 ★ ☆ ☆ ☆ ☆　　正答数 | 1回目 | 2回目 | ／3　解答 ➡ P 3

　次の対話を聞いて，そのあとの質問に対する答えとして最もふさわしい絵を，**ア**，**イ**，**ウ**，**エ**から1つ選び，記号を書きなさい。

No.1

ア　　　　　　イ　　　　　　ウ　　　　　　エ

💡ヒント

職業を選ぶ問題かな？

No.2

ア　　　　　　イ　　　　　　ウ　　　　　　エ

💡ヒント

「ヘルメットをかぶって自転車で公園に行き，野球をする」といった話かな？

No.3

ア　　　　　　イ　　　　　　ウ　　　　　　エ

📝メモ

卵

みかん ☐ 個

りんご ☐ 個

ジュース

No.1		No.2		No.3	

次の英文や対話を聞いて，そのあとの質問に対する答えとして最もふさわしい絵を，**ア，イ，ウ，エ**から1つ選び，記号を書きなさい。

No.1

ア　イ　ウ　エ

腕時計＝watch
掛け時計／置き時計
＝clock

No.2

ア　イ　ウ　エ

天気：雨／雪
移動手段：
徒歩／自転車
どっちかな？

No.3

ア　イ　ウ　エ

昨夜 [　　　]。
今朝 [　　　]。

No.4

ア　イ　ウ　エ

⚠ミスに注意
AMは午前，PMは午後だね。寝た時刻？起きた時刻？

No.1		No.2		No.3		No.4	

次の対話を聞いて，そのあとの質問に対する答えとして最もふさわしい絵やグラフを，
ア，イ，ウ，エから1つ選び，記号を書きなさい。

No.1

ア　　　　　　イ　　　　　　ウ　　　　　　エ

No.2

ア　　　　　　イ　　　　　　ウ　　　　　　エ

No.3

ア　　　　　　イ　　　　　　ウ　　　　　　エ

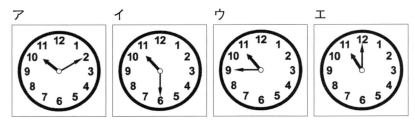

No.4　「球技大会で何をやりたいか？」～クラス別　アンケート結果～

ア　　　　　　　　　イ　　　　　　　　　ウ　　　　　　　　　エ

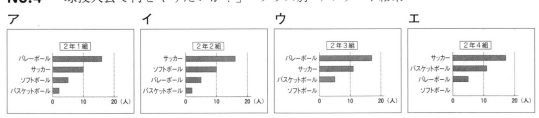

| No.1 | | No.2 | | No.3 | | No.4 | |

次の対話や英文を聞いて，そのあとの質問に対する答えとして最もふさわしい絵やグラフを，**ア**，**イ**，**ウ**，**エ**から１つ選び，記号を書きなさい。

No.1

ア　　　　　　イ　　　　　　ウ　　　　　　エ

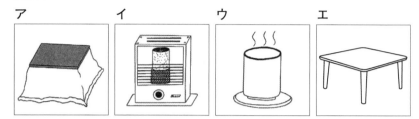

No.2

No.3

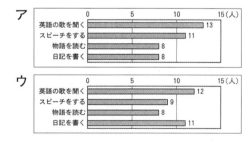
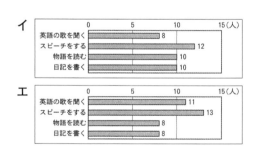

No.4

ア　　　　　　イ　　　　　　ウ　　　　　　エ

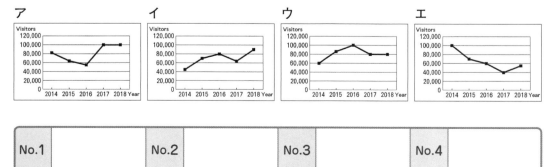

| No.1 | | No.2 | | No.3 | | No.4 | |

第2章　　　　次の一言

- 音声を聞く前に，選択肢の内容を読み比べておこう。
- 対話を聞いて，最後の英文をメモしよう。
- 最後の英文が質問→質問の答えを選ぶ。質問ではない→話の流れに合うものを選ぶ。

基本問題　難易度 ★★★★★　　正答数 1回目 □ 2回目 □ ／4　解答 ➡ P11

次の対話を聞いて，最後の英文に対する受け答えとして最もふさわしいものを，**ア**，**イ**，**ウ**から1つ選び，記号を書きなさい。

No.1
ア　By plane.
イ　For six days.
ウ　With my family.

最後の英文
How long did you stay there? が聞き取れるかな？

No.2
ア　Here you are.
イ　I'm just looking.
ウ　It's too expensive for me.

最後の英文

□

this one?

No.3
ア　Sorry, I'm busy.
イ　I hope the weather will be nice.
ウ　Nice to meet you.

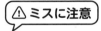

最後の英文が質問ではない→話の流れに合うものを選ぼう。

No.4
ア　OK. I'll call again later.
イ　Shall I take a message?
ウ　Hello, Yoko. How are you?

相手が不在だった時，電話をかけた側がよく使う表現を選ぶよ。

No.1		No.2		No.3		No.4	

次の対話を聞いて，最後の英文に対する受け答えとして最もふさわしいものを，ア，イ，ウ，エから1つ選び，記号を書きなさい。

No.1

ア　I don't know your phone number.

イ　I see. Do you want to leave a message?

ウ　Can you ask him to call me?

エ　I'm so sorry.

No.2

ア　Sorry. I haven't washed the tomatoes yet.

イ　I don't think so. Please help me.

ウ　Thanks. Please cut these carrots.

エ　All right. I can't help you.

No.3

ア　Ten o'clock in the morning.

イ　Only a few minutes.

ウ　Four days a week.

エ　Every Saturday.

No.4

ア　Sure. I'll do it now.

イ　No. I've never sent him a letter.

ウ　Yes. You found my name on it.

エ　Of course. I finished my homework.

No.1		No.2		No.3		No.4	

- 音声を聞く前に，選択肢の内容を読み比べておこう。
- 対話を聞いて，人物の名前や行動などをメモしよう。
- 質問を聞いて，誰の何についての質問かメモしよう。

基本問題　難易度 ★★★★★ 　正答数 [1回目] [2回目] ／3　解答 ➡ P15

次の対話や英文を聞いて，そのあとの質問に対する答えとして最もふさわしいものを，**ア**，**イ**，**ウ**，**エ**から1つ選び，記号を書きなさい。

No.1
ア　She is going to do Mike's homework with her husband.
イ　She is going to cook dinner in the dining room.
ウ　She is going to go to the dining room with Mike.
エ　She is going to eat dinner with her husband and Mike.

メモ

マイク：[　　]が終わった。おなかが[　　]。[　　]を呼びに行く。

母親：[　　]の準備ができた。

No.2
ア　Yes, please. I want more.
イ　Help yourself, Lisa.
ウ　I'm sorry. I can't cook well.
エ　Of course. You can take it.

ヒント

対話の最後のリサの勧めに対する答えを選ぶよ。

No.3
ア　They are in the nurse's office.
イ　They are in the library.
ウ　They are at a stationery shop.
エ　They are at a birthday party.

ヒント

選択肢のThey areは共通だね。場所を選ぶ問題だよ。

No.1		No.2		No.3	

次の対話を聞いて，そのあとの質問に対する答えとして最もふさわしいものを，ア，イ，ウ，エから1つ選び，記号を書きなさい。

No.1
ア　This Saturday.
イ　This Sunday.
ウ　Tomorrow.
エ　Next Monday.

No.2
ア　To do Tom's homework.
イ　To bring Eita's math notebook.
ウ　To call Tom later.
エ　To leave a message.

No.3
ア　Because Mike said some museums in his country had *ukiyoe*.
イ　Because Mike learned about *ukiyoe* last weekend.
ウ　Because Mike went to the city art museum in Japan last weekend.
エ　Because Mike didn't see *ukiyoe* in his country.

No.4
ア　It took about 25 minutes from Toyama to Kanazawa.
イ　Hiroshi walked from Kanazawa Station to Kenroku-en.
ウ　Hiroshi went to many countries during his holiday.
エ　Hiroshi took a bus in Kanazawa.

No.1		No.2		No.3		No.4	

第4章　　　語句を入れる

- 音声を聞く前に空欄を見て，聞き取る内容をしぼろう。
- fifteen「15」とfifty「50」などを聞き分けるために，数はアクセントに注意しよう。
- Tuesday「火曜日」とThursday「木曜日」の違いなど，曜日を正しく聞き取ろう。

基本問題　難易度 ★★☆☆☆　◎9　正答数 〔1回目〕□〔2回目〕□／6　解答 ➡ P21

No.1 デイビッドと教子の対話を聞いて，【教子のメモ】のア，イ，ウにあてはまる言葉を日本語または数字で書きなさい。

【教子のメモ】

> お祭りのダンスイベント
> ・（　ア　）曜日に行われる。
> ・集合時刻は午後（　イ　）。
> ・集合場所は音楽ホール。
> ・Ｔシャツの色は（　ウ　）色。

📝メモ

お祭り：
□曜日〜□曜日

ダンスイベント：
□日目

開始時刻：午後□時

集合時刻：□分前

Tシャツの色：□色

No.2 ケイトと英太の対話を聞いて，【英太のメモ】のア，イ，ウにあてはまる言葉を日本語または数字で書きなさい。

【英太のメモ】

> ・古い建物は（　ア　）である。
> ・約（　イ　）年前に建てられ，学校として使われていた。
> ・昔の人々がどのように（　ウ　）していたかを見ることができる。

⚠ミスに注意

アクセントに注意して数を聞き取ろう。

No.1	ア		イ		ウ	
No.2	ア		イ		ウ	

No.1 マイクとリサの対話を聞いて，対話のあとに【リサがナンシーの留守番電話に残したメッセージ】の**ア**，**イ**にあてはまる言葉を英語または数字で書きなさい。

【リサがナンシーの留守番電話に残したメッセージ】

> Hi, Nancy.　This is Lisa.
> Mike's brother is going to stay in Fukuoka for three weeks.
> So Mike and I have decided to take him to a ramen shop next （　ア　）.
> They will come to my house at （　イ　）, and we will walk to the shop.
> If you want to join us, please tell me.

No.2 ジェームスとアヤの対話を聞いて，対話のあとに【アヤがジェームスに送ったメール】の**ア**，**イ**にあてはまる言葉を英語で書きなさい。

【アヤがジェームスに送ったメール】

> Hi, James.
> I enjoyed the concert today.
> I am happy because I can （　ア　） how to play the violin from you.
> I will see you at your house on （　イ　）.

No.1	ア		イ	
No.2	ア		イ	

- 音声を聞く前に，問題文をよく読み，登場人物の名前や立場を把握しよう。
- 音声を聞く前に，選択肢（と質問）から聞き取る内容をしぼろう。
- 音声を聞きながら，「誰が何をした」に関する内容をメモしよう。

基本問題　難易度 ★★★☆☆ 　正答数 [1回目][2回目] ／4　解答 ➡ P25

　ALTのブラウン先生とケンジの対話を聞いて，次の質問に対する答えとして最もふさわしいものを，**ア，イ，ウ**から1つ選び，記号を書きなさい。

No.1　What happened to Kenji's basketball team last week?
　ア　His team won the game.
　イ　His team lost the game.
　ウ　His team became stronger by practicing hard.

No.2　How does Kenji feel when he makes mistakes in the basketball game?
　ア　He always feels sorry for his friends in his team.
　イ　He doesn't understand how he feels.
　ウ　He is encouraged by making mistakes.

No.3　When will Kenji have his next game?
　ア　He will have it in December.
　イ　He will have it in November.
　ウ　He will have it in October.

No.4　Which is true?
　ア　Kenji learned that he could improve his basketball skills by making mistakes.
　イ　Kenji was encouraged by his friend's words and smile.
　ウ　Kenji has played basketball for ten years in America.

📝メモ

- 先週の試合でケンジのチームは[　]た。
- ブラウン先生は[　]で[　]年間バスケットボールをしていた。
- ケンジはミスをすると[　]に[　]と思う。
- ブラウン先生はミスをすると[　]に[　]いた。
- しかし，ブラウン先生の友達がまた[　]すればいいと言った。その[　]と[　]に励まされた。
- ケンジはブラウン先生からとても[　]なことを学んだ。今ではミスをすることで[　]の技術が[　]すると信じている。
- ケンジの次の[　]は[　]月にある。
- ブラウン先生は[　]を楽しみにしている。
- ケンジは[　]つもりだ。

No.1		No.2		No.3		No.4	

　ダイキとキャシーの春休みの予定についての対話を聞いて，そのあとの質問に対する答えとして最もふさわしいものを，ア，イ，ウ，エから１つ選び，記号を書きなさい。

No.1
ア　He lived in Tokyo.

イ　He lived in Sydney.

ウ　He lived in Osaka.

エ　He lived in America.

No.2
ア　Cathy will.

イ　Sam will.

ウ　Sam's parents will.

エ　Kate will.

No.3
ア　Yes, she does.

イ　No, she doesn't.

ウ　Yes, she has.

エ　No, she hasn't.

No.4
ア　She likes to send e-mails.

イ　She likes to go shopping.

ウ　She likes to go to the zoo.

エ　She likes to take pictures.

No.1		No.2		No.3		No.4	

- 音声を聞く前に，問題文をよく読み，話をする人の名前や立場を把握しよう。
- 音声を聞く前に，選択肢（と質問）から聞き取る内容をしぼろう。
- 音声を聞きながら，キーワードをメモしよう。

基本問題　難易度 ★★★☆☆　◎13　正答数 [1回目] [2回目] ／3　解答 ➡ P29

　ALTのグリーン先生が夏休みの宿題について話をします。それを聞いて，次の質問に対する答えとして最もふさわしいものを，ア，イ，ウ，エから1つ選び，記号を書きなさい。

No.1　生徒たちには，どのような宿題が出されましたか。
ア　A report about one of the problems written in the textbook.
イ　A report about what the students did during summer vacation.
ウ　A report about how to use the city library.
エ　A report about people around the world.

No.2　教科書には，何をしなければならないと書いてありましたか。
ア　To read books in the city library for the report.
イ　To finish writing a report about the problems in our environment.
ウ　To learn about how the Internet can help the students.
エ　To keep thinking about protecting our environment.

No.3　生徒たちは，いつ先生に宿題を提出しなければなりませんか。
ア　After the next class.
イ　At the end of summer vacation.
ウ　At the first class after summer vacation.
エ　At the last class of this year.

📝メモ

- ＿＿＿＿前の＿＿＿＿。明日から＿＿日間の休みに入る。
- ＿＿＿＿問題についてのレポートを書く。英単語を＿＿＿＿語以上使う。
- ＿＿＿＿についての＿＿＿＿を読み終えた。
- ＿＿＿＿の中で＿＿＿＿がある問題を選ぶ。
- ＿＿＿＿には＿＿＿＿の誰もが環境を＿＿＿＿について考え続けなければならないと書いてある。
- 詳しく知りたい人は＿＿＿＿や＿＿＿＿の本を利用する。
- ＿＿＿＿でレポートを提出する。

No.1		No.2		No.3	

教子が祖母の誕生日パーティーについて話をします。それを聞いて，そのあとの質問に対する答えとして最もふさわしいものを，**ア，イ，ウ，エ**から１つ選び，記号を書きなさい。

No.1
ア　Kyoko's grandmother did.
イ　Kyoko's mother did.
ウ　Kyoko's father did.
エ　Kyoko did.

No.2
ア　Because Kyoko makes a birthday cake every year.
イ　Because Kyoko couldn't buy a cake at the cake shop.
ウ　Because Kyoko's grandmother asked her to make a cake.
エ　Because Kyoko's grandmother made a bag for her.

No.3
ア　Nine hours.
イ　Six hours.
ウ　Four hours.
エ　One hour.

No.4
ア　She enjoyed a special lunch with her grandmother.
イ　She sang a birthday song for her grandmother with her parents.
ウ　She said to her grandmother, "Thank you."
エ　She showed the bag to her grandmother.

No.1		No.2		No.3		No.4	

第7章　作　文

- 音声を聞く前に，登場人物と作文の条件を確認しよう。
- 本文→質問の順で放送されることが多い。質問は確実に聞き取ろう。
- 自信のない表現は避け，自分が正しく書ける表現を使って英文を作ろう。

No.1　ジョンと教子の対話を聞いて，教子の最後の問いかけに対する答えを，ジョンに代わって英文で書きなさい。

ヒント

転校していくクラスメートにしてあげられることを書こう。
We can 〜「(僕らは)〜できる」の書き出しではじめよう。

No.2　ALTのデイビッド先生の話を聞いて，先生の指示に対するあなたの答えを2文以上の英文で書きなさい。

ヒント

2文以上で書くよ。
質問で2つのことを聞かれるから，それぞれ1文ずつ書こう。
1文目は主語＋can〜「〜できる」の形で書くといいね。
2文目の理由は
It's because 〜 .
「それは〜だからだ」を使おう。

No.1	
No.2	

カナダの高校に留学にきた日本の生徒たちに向けてルーシーが学校の案内をします。その説明を聞いて，次の各問いに答えなさい。

　　No.1では，そのあとの質問に対する答えとして最もふさわしいものを，**ア，イ，ウ，エ**から1つ選び，記号を書きなさい。

　　No.2では，質問に対する答えをルーシーが説明した内容に合うように英文で書きなさい。

　　No.3では，質問に対するあなたの答えを英文で書きなさい。

No.1

ア　In the gym.

イ　In the library.

ウ　In the lunch room.

エ　In front of their school.

No.2　（質問に対する答えを英文で書く）

No.3　（質問に対する答えを英文で書く）

No.1	
No.2	
No.3	

CDトラックナンバー 一覧

🔊 **音声の聴き方**

　CDで音声を聴くことができます。CD以外でも，教英出版ウェブサイトでID番号を入力して音声を聴くことができます。ID番号を入力して音声を聴く方法は，都道府県版（別冊）の1ページをご覧ください。